हज़ारों हसरतें वो हैं

दाग़ देहलवी

सम्पादन : चयन

शेरजंग गर्ग

वाणी प्रकाशन

वाणी प्रकाशन

4695, 21-ए, दरियागंज, नयी दिल्ली 110 002

फ़ोन : +91 11 23273167 फ़ैक्स : +91 11 23275710

शाखाएँ

अशोक राजपथ, पटना 800 004, बिहार

कॉफ़ी हाउस कैम्पस, महात्मा गांधी मार्ग, इलाहाबाद 211 001, उत्तर प्रदेश

महात्मा गांधी अन्तरराष्ट्रीय हिन्दी विश्वविद्यालय, वर्धा 442 001, महाराष्ट्र

सुल्तानिया रोड, मोतिया पार्क, भोपाल 462 001, मध्य प्रदेश

www.vaniprakashan.com
marketing@vaniprakashan.in
sales@vaniprakashan.in

HAZARON HASARATEN WO HAIN
by Dagh Dehalavi
Edited by Sherjung Garg

ISBN : 978-93-5072-147-6
Shayari

प्रथम संस्करण 2014
आवृत्ति 2020

मूल्य : ₹ 200

सिटी प्रेस, दिल्ली-110 095 में मुद्रित

वाणी प्रकाशन का लोगो मक़बूल फ़िदा हुसेन की कूची से

हज़ारों हसरतें वो हैं

दाग़ दिल्ली से निकलकर रहे सबके दिल में
इस ग़रीबुल वतनी में भी अपने वतन लाखों हैं।

क्रम

प्रेमाभिव्यक्ति का महान शायर

उन्नीसवीं सदी के महानतम शायरों में एक मिर्ज़ा दाग़ देहलवी का शे'र है–

हज़ारों हसरतें वो हैं कि रोके से नहीं रुकतीं
बहुत अरमान ऐसे हैं कि दिल के दिल में रहते हैं

ये पंक्तियाँ हर किसी पर यों लागू होती हैं कि व्यक्ति कितनी ही हसरतें कर ले, हसरतों को पूरा करने का अरमान बाक़ी बचा रह जाता है।

महाकवि दाग़ ने अपना उपनाम दाग़ भले ही रख लिया हो, मगर उनकी शायरी में भाँति-भाँति के उज्ज्वल रंगों की उपस्थिति देखते ही बनती है। पिछली लगभग डेढ़ शताब्दी से शायरी की दुनिया में उनकी उपस्थिति उन्हें जन-जन का शायर बनाये हुए है। उनकी मक़बूलियत मीर, ग़ालिब जैसे शायरों के समकक्ष है। दाग़ देहलवी अपनी बेबाक प्रेमाभिव्यक्तियों के कारण पूरी शताब्दी पर छाये और आज भी उनकी इश्किया शायरी जवान दिलों की धड़कन बनी हुई है। शायरी का शौकीन हो अथवा साहित्य से कोसों दूर सामान्य जीवन जीने वाला कोई इन्सान, जब भी उसके कानों में दाग़ के अश्आर पड़े हैं, अक्सर झूम-झूम गया है और दाग़ का नाम जाने बग़ैर उनके शे'रों का मुरीद बन गया है।

इश्क-मोहब्बत, माशूक़ की जफ़ाओं, प्रेमी की वफ़ाओं, शिकवे-शिकायतों को व्यापक अभिव्यक्ति देने वाले, नामावर (संदेशवाहक) की स्थितियों, बेचारगियों, नाकामियों से भरपूर अश्आर

कहने वाले दाग़ देहलवी शान-ए-दिल्ली ही नहीं, शान-ए-हिन्दोस्तां थे तो शायर-ए-आज़म भी थे। तमाम बड़े शायरों-कवियों के समान दाग़ भी सुरीले और उस्ताद गायकों की पहली पसंद रहे। नौजवान पीढ़ी के लाखों-करोड़ों युवक-युवतियों ने पिछले डेढ़ सौ सालों में दाग़ की शायरी को अपनी ज़िन्दगी में तो उतारा ही, अपनी ख़तो किताबत, अपने प्रेमपत्रों, अपनी डायरियों में उनके अश्आर को पिरोकर, समोकर मोहब्बत की खुशबू और जज़्बात का इज़हार किया। इस युग में चाहे बेग़म अख़्तर हों, चाहे गुलाम अली, चाहे मेंहदी हसन, चाहे जगजीत सिंह, दाग़ की ग़ज़लों को अपना स्वर देना सभी के लिए अहम सरोकार बन गया।

श्रेष्ठ काव्य की परिभाषा एवं प्रशंसा करते हुए महाकवि तुलसीदास ने कहा था—जनरंजन-सज्जन-प्रिय एहा। अर्थात् जो जनसामान्य का मनोरंजन करे तथा सज्जनों को प्रिय हो, वही काव्य श्रेष्ठ है, वही कविता सुन्दर और सर्वांगीण होती है। डॉ. हरिवंश राय बच्चन ने श्रेष्ठ कविता के इस लक्षण और गुण को जीवनपर्यन्त याद रखा। माधुर्य पूर्ण शब्दों को मोहक ढंग से प्रस्तुत करना सभी बड़े कवियों तथा शायरों का अभीष्ट रहा है। महान शायर मिर्ज़ा ग़ालिब हों अथवा मीर तकी मीर, महाकवि कालिदास, सूरदास, कबीर, रहीम—तमाम कालजयी रचनाकारों ने श्रेष्ठ कविता के इस मूलमंत्र को पूर्णतः अपनाये रखा। तभी उन्होंने एक-से-एक काव्य नगीने साहित्य-संसार को सौंपे। उर्दू के उस्ताद शायर दाग़ देहलवी भी इसी मार्ग पर चले और अपनी बेहतरीन, सार्वभौम एवं हर दिल-दिमाग़ में घर कर जाने वाली शायरी के बलबूते अदबी माहौल को नई ऊर्जा और गरिमा प्रदान कर गए। यों कविता की दुनिया में दुरूह और कठिन लिखने वालों को 'कठिन-काव्य का प्रेत' की संज्ञा भी प्रदान की गई। मगर जो कवि संपूर्णतः पसन्द किये गये वे जनरंजन करने के बाद ही सज्जनों को प्रिय हुए। बहुत दूर क्या

जाएँ? उर्दू में भी ग़ालिब के वही अश्आर लोगों की ज़ुबान पर चढ़े जो बहुत आसान थे। यही बात फैज़, साहिर, कैफ़ी आज़मी, जावेद अख़्तर, गुलज़ार, निदा फ़ाज़ली वग़ैरह पर लागू होती है। हिन्दी में बच्चन के बाद की पीढ़ी के नेपाली, रंग, नीरज, वीरेन्द्र मिश्र, रामावतार त्यागी आदि अपनी सरल अभिव्यक्तियों के कारण लोकप्रिय हुए तो आधुनिक अथवा नई कविता से जुड़े भारत भूषण अग्रवाल, सर्वेश्वर दयाल सक्सेना, धूमिल, कैलाश वाजपेयी, राजेश जोशी प्रभृति दर्जनों कवियों को समझा-सराहा गया है।

दाग़ की शायरी की लोकप्रियता का एक कारण यह भी रहा कि उन्होंने प्रेमाभिव्यक्तियों को ऐसी भाषा में बयान किया जो सीधे असर करती है। अरबी, फ़ारसी और कठिन उर्दू शब्दावली से युक्त उनके अश्आर भी प्रबुद्ध जनों की राह तकते रहते हैं।

मिर्ज़ा दाग़ देहलवी के आशिक-माशूक सम्बन्धों में वफ़ा-जफ़ा तो व्यक्त हुई ही है उसमें ज़िन्दगी के अनेक पहलुओं की सहज व्याख्या और विश्लेषण भी मिलते हैं। उनकी शायरी में ज़ुबान के चटख़ारे हैं तो अश्आर का कुशल प्रस्तुतीकरण भी है। यही कारण है कि उनके सैकड़ों शे'र यादगार और उद्धरणीय बने हुए हैं।

आज से लगभग ढाई दशक पूर्व पुस्तकायन और सुबोध पॉकेट बुक्स के श्री विजय कुमार ने मुझसे ग़ज़लों का एक प्रतिनिधि संकलन सम्पादित करने का अनुरोध किया था। तय हुआ कि उर्दू-हिन्दी की बेहतरीन ग़ज़लें चुनी जाएँगी तथा पेपरबैक और सजिल्द एक साथ प्रकाशित होंगी। यह संकलन 'ग़ज़लें ही ग़ज़लें' नाम से आया और इसमें बहुत से श्रेष्ठ हिन्दी-उर्दू के ग़ज़लकारों की ग़ज़लें ली गईं। पुस्तक लोकप्रिय हुई। ग़ालिब, मीर, दाग़ और दुष्यंत की ग़ज़लों को भरपूर सराहना मिली। दाग़ साहब की निम्नांकित ग़ज़लें इस संकलन में थीं—

दिल गया, तुमने लिया हम क्या करें
जाने वाली चीज़ का ग़म क्या करे

× × ×

कुछ तुमको ख़बर है ऐ साक़ी अब रंग है क्या मैख़ाने का
मैनोश खड़े किस हसरत से मुँह तकते हैं पैमाने का

× × ×

फिरे राह से वो यहाँ आते आते
अजल मर गई हो कहाँ आते आते

× × ×

ग़ैर को मुँह लगाके देख लिया
झूठ सच आज़मा के देख लिया

× × ×

तुम्हारे ख़त में एक नया नाम किसका था?
न था रक़ीब तो आख़िर वो नाम किसका था?

× × ×

रंज की जब गुफ़्तगू होने लगी
आपसे तुम, तुमसे तू होने लगी

ज्यों ही 'ग़ज़लें ही ग़ज़लें' बाज़ार में आईं, पाठकों ने पूरे जोशोख़रोश से उसका स्वागत किया। इसमें भी उन्होंने दाग़ देहलवी की ग़ज़लों को विशेषतः सराहा। दाग़ की इन ग़ज़लों और इसके अतिरिक्त ग़ज़लों को भी प्रख्यात गायकों यथा—गुलाम अली, मेंहदी हसन, जगजीत सिंह, अमरजीत आदि ने अपना स्वर दिया। हिन्दी गीतों के प्रखर गायक डॉ. अजय राय से मैंने पूछा कि आपने दाग़ की ग़ज़लें क्यों नहीं गायीं तो उन्होंने बताया कि दाग़ महान शायर हैं, मगर मैंने हिन्दी के महान कवियों—निराला, प्रसाद, महादेवी, त्रिलोचन, बच्चन को गाने का संकल्प ले रखा है। यों मुझे दाग़ साहब बहुत पसन्द

हैं। ज़ाहिर है दाग़ के सैकड़ों अश्आर में निम्नांकित अश्आर भी लोगों की जुबान पर खूब चढ़े हुए हैं–

मुझे याद करने का यह मुद्दा है
निकल जाये दम हिचकियाँ आते आते
नहीं सहल ऐ दाग़ यारों से कह दो
कि आती है उर्दू जुबाँ आते आते

मानना होगा कि महाकवि दाग़ की लोकप्रियता एक सदी से ज़्यादा समय से बनी हुई है और आने वाले वक़्तों में भी इसे और बढ़ना ही है और आने वाले वक़्तों में इसमें कोई कमी होने वाली नहीं है। दाग़ के अश्आर बात-बात में, विभिन्न प्रसंगों में बेसाख़्ता इस्तेमाल होते रहे हैं, होते रहेंगे। यों अनेक समीक्षकों ने दाग़ की शायरी को प्रेम में विरह-मिलन की व्यथा-कथा भी बताया है। कभी महाकवि बिहारी को भी मात्र शृंगार का कवि मान लिया गया था, परंतु कालांतर में उनके अनेक नीतिपरक दोहों को साहित्य की निधि में शुमार किया गया, उन्हें जीवन-दर्शन के प्रखर व्याख्याता के रूप में याद किया गया। सम्भवतः दाग़ को भी अपनी प्रेमाभिव्यक्तियों के अनूठेपन, अंदाजेबयाँ की मौलिकता ने विशेषकर जवान दिलों के लिए बहुत-बहुत पुरअसर बना दिया। कहना होगा कि दाग़ के अश्आर पूर्ववर्ती पीढ़ी से जुड़े हुए तो थे ही, वर्तमान पीढ़ी के युवा दिलों को भी झंकृत करते रहेंगे।

मिर्ज़ा दाग़ देहलवी, देहलवी उपनाम से लिखने वाले अथवा अपने उपनाम से दिल्ली को जोड़कर लिखने वाले शुरुआती देहलवी थे। बाद में बीसवीं सदी में मख़मूर देहलवी और गुलज़ार देहलवी आये। इनके अलावा भी बहुत से देहलवी हुए। मगर सबसे ज़्यादा मशहूर दाग़ ही हुए। दाग़ का जन्म अट्ठारह सौ इकतीस में हुआ था और उनका स्वर्गवास उन्नीस सौ पाँच में हुआ। इस तरह दाग़ के स्वर्गवास को एक सौ पाँच बरस हो चुके हैं। मगर मैं निश्चित

रूप से कह सकता हूँ कि इस पूरी सदी में उनकी शायरी का रुतवा निरन्तर बुलन्द होता गया है।

दाग़ की लोकप्रियता और उनका कवियों-शायरों पर उनके असर को समझने के लिए उनका एक शे'र उद्धृत करना चाहूँगा—

पूछते क्या हो, कैसा है किताबी चेहरा
पहले मैं हाथ में कुरआन उठा लूँ तो कहूँ

कहना होगा कि इस ज़मीन पर भविष्य के अनेक बड़े कवियों ने लिखा और लोकप्रियता पाई। नीरज ने लिखा—

ऐसी क्या बात है चलता हूँ अभी चलता हूँ
एक गीत ज़रा झूम के गा लूँ तो चलूँ

सुकवि अल्हड़ जी ने 'तो हँसूँ' के रूप में एक अत्यंत श्रेष्ठ कविता लिखी।

कहने का तात्पर्य यह है कि दाग़ देहलवी की शायरी का प्रत्यक्ष अथवा परोक्ष प्रभाव आने वाली पीढ़ी के कवियों-शायरों पर भरपूर पड़ा है।

ऐसे महान शायर दाग़ देहलवी की शायरी के चंद नगीने 'हज़ारों हसरतें वो हैं' के रूप में पेश करते हुए मुझे खुशी है कि ये नये युग के प्रेमियों और काव्य-प्रेमियों के लिए एक तोहफ़ा सिद्ध होंगे।

शेरजंग गर्ग

एच-43 (भूतल), साउथ एक्स-I
नई दिल्ली-110049

यहाँ भी तू

यहाँ भी तू, वहाँ तू, ज़मीं तेरी, फ़लक[1] तेरा
कहीं हमने पता पाया न हरगिज़ आज तक तेरा

तेरी बंदा-नवाज़ी[2] हफ़्त-किश्वर[3] बख़्श देती है
जो तू मेरा जहाँ मेरा, अरब मेरा अजम मेरा

---

1. आसमान, 2. मेहरबानी, कृपा, 3. सात देश

हमारी आँखों ने

हमारी आँखों ने भी तमाशा अजब-अजब इन्तख़ाब[1] देखा
बुराई देखी भलाई देखी अज़ाब देखा सवाब देखा

न दिल ही ठहरा न आँख झपकी न चैन पाया न ख़्वाब आया
ख़ुदा दिखाये न दुश्मनों को जो दोस्ती में अज़ाब देखा

नज़र में है तेरी किबरियाई[2] समा गई तेरी ख़ुदनुमाई[3]
अगरचे देखी बहुत ख़ुदाई मगर न तेरा जवाब देखा

ये दिल तो ऐ इश्क़ घर है तेरा कि जिसको तूने बिगाड़ डाला
मकाँ से ता-लामकाँ[4] जो देखा तुझी को ख़ाना-ख़राब देखा

---

1. छाँटना या चुनना, एक से बढ़कर एक, 2. ख़ुदाई, शान, बड़ाई, 3. अपने आप को दिखाना, 4. ऐसी जगह जहाँ कोई न हो, ज़मीन के अलावह बाक़ी सब जगह

दिल ले के उसकी बज़्म में

दिल ले के उसकी बज़्म[1] में जाया न जाएगा
ये मुद्दई[1] बग़ल में छुपाया न जाएगा।

दिल क्या मिलाओगे कि हमें हो गया यक़ीं
तुम से तो ख़ाक में भी मिलाया न जाएगा

दिल जो दिखा रहा है मज़े हर घड़ी मुझे
आँखों से सौ बरस भी दिखाया न जाएगा

फ़ितना नहीं हूँ जिसको उठाया करे फ़लक[3]
मुझ से गिरे हुए को उठाया न जाएगा

जुल्फ़ें नहीं कि शाने से आरास्ता किया
बिगड़ा हुआ मिज़ाज बनाया न जाएगा

ऐ 'दाग़' तुझ को रिज़्क़ की ख़्वाहिश है चर्ख़[4] से
इतना ये ग़म खिलाएगा खाया न जाएगा

---

1. महफ़िल, 2. दावा करने वाला, 3. आसमान, 4. आसमान

तेरी उल्फ़त की चिंगारी

तेरी उल्फ़त[1] की चिंगारी ने ज़ालिम इक जहाँ फूंका
इधर चमकी, उधर सुलगी यहाँ फूंका वहाँ फूंका

रहा था कौन-सा अरमान[2] जीते जी जलाने को
जो तूने लाश को भी मेरी अब ऐ बदगुमाँ[3] फूंका

---

1. प्यार, 2 आरज़ू, कामना, 3. बुरा ख़्याल या गुमान रखने वाला

मुझ से बेहतर मेरा मलाल

मुझ से बेहतर मेरा मलाल रहा
कि तेरे दिल में मह-जमाल[1] रहा

लाग ने दिल की खो दिया सबसे
उसी कमबख़्त का ख़याल रहा

मिल चुके सब मिलेंगे ख़ाक में हम
हो चुका वस्ल[2] तो विसाल[3] रहा

इश्क़ के ज़ोर-शोर तो देखो
जो भुलाया वही ख़याल रहा

तूने आराम कुछ दिया ऐ मर्ग
ज़िंदगी क्या रही वबाल[4] रहा

1. चाँद जैसा ख़ूबसूरत, 2. मिलना, 3. मरना या जुदा होना—मिलाप होना, 4. मुसीबत, बोझ

ख़्वाब में भी न किसी शब को

ख़्वाब में भी न किसी शब वो सितमगर आया
वादा जाने कोई ऐसा कि मुकर्रर आया

मुझ से मयकश को कहाँ सब्र कहाँ की तौबा
ले लिया दौड़ के जब सामने साग़र आया

ग़ैर के रूप में भेजा है जलाने को मेरे
नामा-बर[1] उनका नया भेस बदल कर आया

इश्क़ तासीर[2] ही करता है कि उस काफ़िर ने
जब मेरा हाल सुना, सुनते ही जी भर आया

इस क़दर शाद हूँ गोया कि मिली हफ़्त-अक़लीम[3]
आईना हाथ में आया कि सिकन्दर आया

वस्ल में हाए वो इतरा के मेरा बोल उठना
ऐ फ़लक देख तू ये कौन मेरे घर आया

---

1. ख़त लाने ले जाने वाला, खत पहुँचाने वाला, 2. असर, 3. सात दुनिया, सात बादशाहत

राह में वादा करें, जाऊँ मैं घर पर तो कहें
'कौन है किसने बुलाया इसे, क्यों कर आया'

'दाग़' के नाम से नफ़रत है वो जल जाते हैं
ज़िक्र कम्बख़त का आने को तो अक्सर आया

लुत्फ़ आराम का

लुत्फ़[1] आराम का नहीं मिलता
आदमी काम का नहीं मिलता

कैसे हाज़िर जवाब हो कि जवाब
मेरे पैग़ाम[2] का नहीं मिलता

उसने जब शाम का किया वादा
फिर पता शाम का नहीं मिलता

मिल गया मैं तुम्हें वगरना गुलाम
कोई बे-दाम का नहीं मिलता

'दाग़' की ज़िद से है तलाश उन्हें
कोई उस नाम का नहीं मिलता

1. मज़ा, संदेश

कोई आगे

कोई आगे निकल नहीं सकता
तुझ से फ़ितना[1] भी चल नहीं सकता

ज़ोर क़िस्मत से चल नहीं सकता
दिल संभाले संभल नहीं सकता

आसमाँ दोस्त हो गया तेरा
अब ज़माना बदल नहीं सकता

तुम तो सौ बार मान जाओगे
दिल हमारा बहल नहीं सकता

हम तो उस मुद्दआ[2] के क़ायल[3] हैं
जो ज़बाँ से निकल नहीं सकता

ग़म जो खाया है क्या कहूँ तुझ से
मैं ये खाया उगल नहीं सकता

नाम को 'दाग़' हूँ मगर ज़ालिम
तू जलाये तो जल नहीं सकता

1. फ़साद, 2. उद्देश्य, 3. मान लेना

ग़ज़ब किया

ग़ज़ब किया तेरे वादे का ऐतबार किया
तमाम रात क़यामत का इंतज़ार किया

किसी तरह जो न उस बुत ने ऐतबार किया
मेरी वफ़ा ने मुझे ख़ूब शर्मसार किया

कोई फ़ितना ता क़यामत

कोई फ़ितना[1] ता क़यामत न फिर आशकार[2] होता
तेरे दिल पे काश ज़ालिम मुझे इख़्तियार[3] होता

जो तुम्हारी तरह तुम से कोई झूठे वादे करता
तुम्ही मुंसिफ़ी[4] से कह दो तुम्हें ऐतबार होता

ये मज़ा था दिल लगी का कि बराबर आग लगती
न तुझे क़रार होता न मुझे क़रार होता

न मज़ा है दुश्मनी का, न है लुत्फ़ दोस्ती का
कोई ग़ैर ग़ैर होता कोई यार यार होता

तेरे वादे पर सितमगर[5] अभी और सब्र करते
अगर अपनी ज़िंदगी का हमें ऐतबार होता

तुम्हें नाज़ हो न क्यों कर, कि लिया है 'दाग़' का दिल
ये रक़म न हाथ लगती न ये इफ़्तिख़ार[6] होता

---

1. फ़साद, 2. ज़ाहिर होना, खुलना, 3. क़ाबू करना, नियंत्रण 4. न्याय, 5. ज़ालिम, जुल्म करने वाला, 6. इज़्जत, विशेष सम्मान

मुनहसिर दिल ही पे

मुनहसिर[1] दिल ही पे रखता न मुहब्बत तेरी
मैं न समझा था ये कम्बख़्त पशेमाँ[2] होगा

कोसता हूँ जो नसीबों को तो कहता है वो शोख़
फिर मुहब्बत न करेगा अगर इंसाँ होगा

दम मेरी आँखों में अटका है कि देखूँ तो सही
क्या मसीहा से मेरे दर्द का दरमाँ[3] होगा

ज़िंदगी इश्क़ में मुश्किल है तो मर जाएंगे
अब से वो काम करेंगे कि जो आसाँ होगा

आप के सर की क़सम 'दाग़' को परवा भी नहीं
आप के मिलने का होगा जिसे अरमाँ होगा

---

1. निर्भर, 2. शर्मिन्दा, 3. इलाज

उसकी तरफ़ से दिल

उसकी तरफ़ से दिल न फिरेगा कि नासेहो[1]
अब हो गया ये जिसका तरफ़दार हो गया

किस-किस की चाह कीजिए किस-किस की आरज़ू[2]
इक दिल हज़ार ग़म में गिरफ़्तार हो गया

महशर में कौन होगा करम का तेरे गवाह
गर ग़ैर भी हमारा तरफ़दार हो गया

वो फ़ितना जिसका हश्र पर उठना है मुनहसिर[3]
हर बार तेरी चाल से बेदार हो गया

जिसकी बग़ल में शब[4] को वो हो उसको देखिए
जिस वक़्त आँख खुल गई दीदार[5] हो गया

ऐ 'दाग़' क्या बतायें मुहब्बत में क्या हुआ
बैठे बिठाये जान को आज़ार[6] हो गया

---

1. नसीहत करने वाला, 2. तमन्ना, 3. निर्भर, 4. रात, 5. दिखाई देना, दर्शन, 6. मुसीबत, रोग

ये वो घर है

ये वो घर है कि ख़ुशी का तो यहाँ क्या मज़कूर[1]
ग़म भी आया तो मेरे दिल में बहुत शाद[2] आया

रात भर शोर रहा है तेरे हमसाए[3] में
किस के अरमान भरे दिल को ख़ुदा याद आया

मेरे नाले ने सुनाई है खरी किस-किस को
मुंह फ़रिश्तों पे ये गुस्ताख़ ये आज़ाद आया

'दाग़' को तुमने भुलाया है कुछ ऐसा दिल से
वो तो क्या शेर भी उसका न कभी याद आया

आप की बज़्म[4] में सब कुछ है मगर 'दाग़' नहीं
हम को वो ख़ाना-ख़राब आज बहुत याद आया

---

1. उल्लेख, 2. ख़ुश, 3. पड़ोस, 4. महफ़िल

वो जाते हैं

वो जाते हैं आती है क़यामत की सहर[1] आज
रोता है गले मिल के दुआओं के असर आज

उम्मीद ये कहती है वो आते हैं ठहर जा
है यास की ताकीद कि दुनिया से गुज़र आज

जिस दोस्त को देखा मुझे दुश्मन नज़र आया
तब तक मेरी नज़रों में रही तेरी नज़र आज

बिस्मिल ही किया उसको जिसे ख़्वाब में देखा
सोते में भी लड़ती रही क़ातिल की नज़र आज

वादे पे मेरे उनके क़यामत की है तकरार[2]
और बात है इतनी कि उधर कल है इधर आज

नासेह[3] ने मेरा हाल जो मुझसे बयाँ किया
आँसू निकल पड़े मेरे बेइख़्तियार आज

---

1. प्रातः भौर, 2. वाद-विवाद, 3. नसीहत करने वाला

अब तेरे दर्द-मंद का बस हो चुका इलाज
कल से ज़्यादा और है वो बेक़रार[4] आज

कल जाएगा पयाम-बर[5] अपना, यहाँ ये शौक़
ख़त के जवाब का है हमें इंतज़ार आज

4. विचलित, 5. संदेशवाहक

मेहरबाँ होके जब

मेहरबा होके जब मिलेंगे आप
जो न मिलते थे सब मिलेंगे आप

आप क्यों ख़ाक में मिलाते हैं
हम मुसीबत-तलब मिलेंगे आप

कारवाँ[1] की तलाश क्या ऐ दिल
आके मंज़िल पे सब मिलेंगे आप

एक तो वादा और उस पे क़सम
ये यक़ीं है कि अब मिलेंगे आप

'दाग़' इक आदमी है गरमा-गरम
ख़ुश बहुत होंगे जब मिलेंगे आप

1. क़ाफ़िला

पूछे कोई मिज़ाज

पूछे कोई मिज़ाज[1] तो अल्लाह रे गुरूर[2]
कहते नहीं वो शुक्र है पर'वरदिगार का

रहती थी उसकी याद वो रातें किधर गईं
अब मुझ को इंतज़ार है उस इंतज़ार का

मैं बद गुमान उससे ज़्यादा खुदा की शान
है ऐतबार[3] उसको मेरे ऐतबार का

ग़श खाके 'दाग़' यार के क़दमों पे गिर पड़ा
बेहोश ने भी काम किया होशियार का

1. तबीयत, हालचाल, 2. घमण्ड, 3. विश्वास

क्यों कहा ये

क्यों कहा ये किसी से क्या मतलब
इसी कहने से खुल गया मतलब

बात पूरी नहीं कही मैंने
कि वो तर्रार[1] ले उड़ा मतलब

मैं कहे जाऊँ तुम सुने जाओ
एक के बाद दूसरा मतलब

है मेरा दर्द आप की राहत
है मेरी यास[2] आप का मतलब

ख़ून होने को ख़ाक होने को
या मेरा दिल है या मेरा मतलब

मिट गए एक ही तग़ाफ़ुल में
शौक़ अरमान, मुद्दआ[3] मतलब

---

1. चालाक, तेज़, 2. निराशा, नाउम्मीदी, 3. दावा किया गया, चाहत

कभी कहता हूँ दिल से ख़ूब किया
कभी कहता हूँ क्यों कहा मतलब

बेख़ुदी में रहा न याद अल्क़ाब[4]
ख़त में पहले ही लिख दिया मतलब

दिल में घुट-घुट के रह गई हसरत
लब पे आ-आ के रह गया मतलब

---

4. ख़िताबात, उपाधि

न कभी जैबे-ख़िजालत से

न कभी जैबे-ख़िजालत[1] से यहाँ सर निकला
क़ैस दीवाना था जामे[2] से जो बाहर निकला

हम तो बेनामो-निशाँ आप की उल्फ़त में हुए
आप का नाम निकलना था सितमगर निकला

ज़ुल्फ़ बरहम[3], अर्क़[4] आलूदा जबीं[5] दामन चाक
किस की आग़ोश से तू जान छुड़ा कर निकला

जज़्बे-दिल का हो बुरा खींच बुलाया उसको
जो न दर तक कभी आया था वो बाहर निकला

---

1. लज्जा, नदामत का गरीबान, 2. वस्त्र, वसन, 3. बिखरे हुए बाल, 4. पानी में डूबा हुआ, 5. बाँहे

मेरे क़ाबू में

मेरे क़ाबू में न पहरों दिले-नाशाद आया
वो मेरा भूलने वाला जो मुझे याद आया

किसके आने का तस्व्वुर[1] है कि हर दम हर वक़्त
है तेरा तकिया-कलाम ऐ दिले नाशाद 'आया'

छूट कर कुंजे[2]-क़फस[3] से भी ये खटका न गया
जब सबा आई तो जाना वही सय्याद[4] आया

दी मुअज़्ज़िन[5] ने शबे-वस्ल अज़ाँ पिछली रात
हाए कम्बख़्त को किस वक़्त ख़ुदा याद आया

लीजिए सुनिए अब अफ़साना-ए-फ़ुरक़त[6] मुझसे
आपने याद दिलाया तो मुझे याद आया

---

1. विचार, कल्पना, 2. एकांत, गोशा, 3. पिंजरा, कारागर, 4. शिकारी, आखेटक, 5. अज़ान देने वाला, नमाज देने के लिए पुकारने वाला, 6. वियोग, विरह

क्या हो सके मुक़ाबला

क्या हो सके मुक़ाबला मिज़गाने-यार[1] का
दिल एक हाथ का है जिगर एक बार का

होगा निशाने-मेहरो-मुहब्बत यहीं कहीं
ढूंढो चिराग़ ले के हमारे मज़ार का

ऐ चश्मे-यार देख तग़ाफ़ुल[2] से बाज़ आ
दिल टूट जाएगा किसी उम्मीदवार का

1. यार की निगाह, पलकें, 2. उपेक्षा

तू ख़ुदा तो नहीं

तू ख़ुदा तो नहीं ऐ नासेहे[1]-नादाँ मेरा
क्या ख़ता की जो कहा मैंने न जाना तेरा

काबा-ओ दैर में या चश्मे[2]-दिले-आशिक़ में
उन्हीं दो चार घरों में है ठिकाना तेरा

तर्के-आदत से मुझे नींद नहीं आने की
कहीं नीचा न हो ऐ शोर सरहाना तेरा

बज़्मे-दुश्मन[3] से तुझे कौन उठा सकता है
इक क़यामत का उठाना है उठाना तेरा

---

1. नसीहत करने वाला, 2. आँख, 3. दुश्मन की महफ़िल

दिले-पुर-इज़्तिराब

दिले-पुर-इज़्तिराब ने मारा
इसी ख़ाना-ख़राब ने मारा

थक गए हाथ लिखते-लिखते ख़त
इस सवालो-जवाब ने मारा

जोशे-गिरयः से ये आँखें

जोशे[1]-गिरयः से ये आँखें अब्रे-नीसाँ हो गईं
अब मेरी बेताबियाँ मशहूरे[2]-दौराँ[3] हो गईं

जब दिया उसने दिलासा शब को वक़्ते इज़्तिराब
दिल की वो बेताबियाँ सब राहते-जाँ[4] हो गईं

वाह रे जोशे-जुनूँ[5] आख़िर उलझ कर ज़ोफ़[6] से
उंगलियाँ हाथों की थीं तोरे-गिरेबाँ हो गईं

'दाग़' अब युसूफ़ कहाँ, लैला कहाँ, शीरीं कहाँ
जो हँसीं शक्लें थीं ज़ेरे[7] ख़ाके-पिनहाँ[8] हो गईं

---

1. उबाल, उफ़ान, 2. ख्याति प्राप्त प्रसिद्ध, 3. ज़माना, 4. जान का, सुख, चैन, आराम, 5. जुनून, 6. कमज़ोरी, दुर्बलता, 7. नीचे, 8. धूल में छुप जाना

दश्ते-वहशत के लिए

दश्ते[1]-वहशत[2] के लिए ताब[3] रगे-जाँ[4] में नहीं
हाथ उस तार में उलझा जो गिरेबाँ में नहीं

पहले थी दिल में खटक अब तो है रग-रग में कसक
चैन, ऐ दर्द तुझे भी शबे हिज्राँ में नहीं

अब तग़ाफ़ुल[5] ही से हम छेड़ करेंगे नाचार
आज लड़ती हुई नज़रें सफ़े-मिज़गाँ में नहीं

'दाग़' हम तुरबते-मजनूँ[6] पे चढ़ाते चादर
पर यहाँ तार कफ़न को भी गिरेबाँ में नहीं

---

1. कानन, वन, 2. आदमियों से भड़कना, पागलपन, 3. शक्ति, बरदाश्त, 4. सबसे बड़ी खून की रग जो दिल में जाती है, 5. उपेक्षा, 6. मजनू की सब्र, मज़ार

रूह को चैन

रूह को चैन हुजूमे-ग़मे-दिलबर में नहीं
साहिबे-ख़ाना को आराम भरे घर में नहीं

ऐ ग़मे-इश्क़ न जाना मेरे दिल से बाहर
ऐसे मेहमान की तौक़ीर[1] किसी घर में नहीं

1. प्रतिष्ठा, इज़्ज़त

कभी लगती ही नहीं

कभी लगती ही नहीं नरगिसे-बीमार की आँख
उसने देखी है चमन में किसी हुश्यार की आँख

नींद आई है सरे-शाम शबे-वस्ल उन्हें
क्या बुरे वक़्त लगी ताल-ए-बेदार[1] की आँख

क्यों न पुरख़ूँ हो अजल[2] से कि मिला है मुझको
शीशा-ए-बादह[3] का दिल, साग़रे-सरशार[4] की आँख

1. जागता हुआ नसीब, सौभाग्य, 2. मृत्यु, मरण, 3. शराब का प्याला, 4. मचलती हुई जोश से भरी शराब

अल्लाह-अल्लाह रे

अल्लाह-अल्लाह रे परेशानी मेरी
जुल्फ़े-जानाँ भी है दीवानी मेरी

रूबरू[1] उसे बदगुमाँ[2] ज़िक्रे-इश्क़[3]
मेरे आगे आई नादानी मेरी

रू-स्याही काम आई रोज़े-हश्र[4]
शक्ल ज़ाहिद ने न पहचानी मेरी

हाए दिल लेकर तेरा नाज़ो-ग़ुरूर
वाए दिल देकर पशेमानी[5] मेरी

---

1. आमने-सामने, 2. किसी की ओर से बुरी धारणो रखे, 3. मुहब्बत की चर्चा, 4. क़यामत का दिन, 5. शर्मिंदगी

आतिशे-शौक़ को

आतिशे-शौक़ को कब दिल से जुदा रक्खा है
इस लगी को तो कलेजे से लगा रक्खा है

खाई है वादा-ए-फ़रदा पे क़सम क्या झटपट
आज इस हरफ़े-तसल्ली ने लुटा रक्खा है

इस क़दर तो है तेरा पर्दा-नशीं पासे-हिजाब
कि तेरे दर्द को भी दिल में छुपा रक्खा है

शिरकते-ग़म भी नहीं

शिरकते-ग़म भी नहीं चाहती ग़ैरत[2] मेरी
ग़ैर की हो के रहे या शबे-फ़ुरक़त मेरी

क्या कहूंगा अगर उस बुत ने कहा महशर में
दावरे-हश्र तेरे हाथ है इज़्ज़त मेरी

क्या जुदाई का असर है कि शबे-तन्हाई
मेरी तस्वीर से मिलती नहीं सूरत मेरी

बख़्शे जाएंगे सियहकार बहुत रोज़े-जज़ा[3]
कहीं जन्नत में न पहुँचे शबे-फ़ुरक़त मेरी

धूम है ज़ेरे-ज़मीं कुश्त-ए-नाज़[4] आया है
हो गई ईद शहीदों को ज़ियारत मेरी

---

1. दुःख में शरीक़ होना, दुःख का बँटवारा, 2. लज्जा, शर्म. 3. रोज़े क़यामत, जिस दिन भलाई और बुराई का बदला दिया जायेगा, 4. प्रेमी, आशिक़, अदा का मारा हुआ

दिल से दुश्मन का

दिल से दुश्मन का ऐतबार किसे
हम बनाएँ सलाहकार[1] किसे

वाह क्या शाने-बेनियाज़ी[2] है
दे दिया दिल पे इख़्तियार किसे

मौत से पेश्तर ही मर जाऊँ
इस क़दर ताबे-इन्तज़ार किसे

ज़िक्रे-दुश्मन तो ख़ूब था कहिए
अब गुज़रता है नागवार[3] किसे

---

1. मददगार, परामर्शदाता, 2. उपेक्षा, बेपरवाही, किसी चीज़ से मतलब न होना, 3. जो पसन्द न हो

साक़िया दे भी

साक़िया[1] दे भी मय-ए-रूह-फ़ज़ा थोड़ी-सी
बेवफ़ा उम्र करे और वफ़ा थोड़ी-सी

वादा-ए-ग़ैर पे क्या होती है जल्दी उनको
हाथ धो डालते हैं मल के हिना थोड़ी-सी

बाद-मुरदन मेरे मरक़द[2] में बना दें रोज़न
आती जाती रहे दुनिया की हवा थोड़ी-सी

'दाग़' ये मय[3] है ये साग़र है कहाँ की तौबा
पी ख़ुदा के लिए ऐ मरदे-ख़ुदा थोड़ी-सी

1. शराब पिलाने वाला, 2. समाधि, भवन, 3. शराब

हमसे बरगश्ता

हमसे बरगश्ता किसी की नज़र ऐसी तो न थी
गरचे थी चश्मे-तग़ाफुल मगर ऐसी तो न थी

वही दिल है वही लब है वही अंदाज़े-नियाज़
जैसी अब है ये दुआ बेअसर ऐसी तो न थी

वस्ल के साथ ही जाते रहे क्या लैलो-नहार
शाम ऐसी तो न थी, वो सहर ऐसी तो न थी

घर फूँक दिए

घर फूँक दिए आतिशे-उल्फ़त ने हज़ारों
ये आग क़यामत की लगी दिल की लगी से

हूँ महवे-तसव्वुर मेरी बातों पे न जाओ
कुछ बेख़ुदी[1]-ए-शौक़ में कहता हूँ किसी से

दानिस्ता[2] भी रो लेते हैं उस बज़्म में जाकर
अंदेशा है मर जाएँ न हम फ़रते-ख़ुशी[3] से

पहचानो तो किस नक़्शे-कफ़े-पा[4] की है ये ख़ाक
अक्सीर उठा लाए हैं दुश्मन की गली से

शोहरः था कि है ख़ंजरे-क़ातिल में बहुत आब[5]
दम सूख गया उसका मेरी तिशना-लबी से

वो शामे-शबे-वस्ल से बरहम हैं इलाही
आसारे-क़यामत हैं नमूदार[6] अभी से

---

1. अचेत्य, बेख़बरी, 2. जाना हुआ, ज्ञात जान बूझकर, 3. हर्ष और आनन्द की प्रचुरता, 4. पद्चिन्ह, 5. जल, वारि, चमक, 6. ज़ाहिर

जो मुझ पे चश्मे-लुत्फ़ थी

जो मुझ पे चश्मे-लुत्फ़ थी अब ग़ैर पर हुई
दुनिया की तरह ये भी इधर की उधर हुई

मेरी बला से टूट के पैकाँ जो रह गया
हासिल मुझे तो लज़्ज़ते-ज़ख़्मे-जिगर हुई

रक्खा निगाह में जो दिले-बेक़रार को
उस दिन से और शोख़ तुम्हारी नज़र हुई

कहते हैं बार-बार वो मुझसे शबे-विसाल
है–है अगर न तेरी दुआ से सहर हुई

ढूँढते फिरते हो बाज़ार में

ढूँढते फिरते हो बाज़ार में क्या हम देंगे
मुफ़्त हाथ आए तो फ़रमाओ वो सौदा कैसा

वही जन्नत है जो वहशत में कहीं दिल बहले
लोग सहरा[1] को लिए फिरते हैं सहरा कैसा

नामा-बर तूने भी देखा है उसे सच कहना
गात[2] कैसी है, फबन कैसी है, नक़्शा कैसा

ख़ूबियाँ लाख किसी में हों जो ज़ाहिर न करें
लोग करते हैं बुरी बात का चरचा कैसा

तेरे क़ुरबान कोई दम यही तकरार[3] रहे
दिल हमारा है हमारा है तुम्हारा कैसा

हम हक़ीक़त में समझते हैं उसे तकिया-कलाम
आप दिल ले के कहें जाइए कैसा कैसा

---

1. जंगल, 2. जिस्म, 3. वाद-विवाद, बहस

ग़ैर के ग़म में वो ख़ामोश थे मैंने पूछा
जी है कैसा तो कहा तेरा कलेजा कैसा

तुम सलामत हो तो हर रोज़ क़यामत होगी
हम भी देखेंगे तमाशे पे तमाशा कैसा

जाँ-निसारों[4] को न देखा ये बहाना रख कर
जान पर खेलने वालों का तमाशा कैसा

---

4. जान न्योछावर करने वाले

बला से जो दुश्मन

बला से जो दुश्मन हुआ है किसी का
वो काफ़िर सनम क्या ख़ुदा है किसी का

दुआ माँग लो तुम भी अपनी ज़बाँ से
कि पूरा हो, जो मुद्दआ है किसी का

इधर आ कलेजे से तुझको लगा लूँ
तुझी पर तो दिल आ गया है किसी का

किसी की तपिश[1] में ख़ुशी है किसी की
किसी की ख़लिश[2] में मज़ा है किसी का

ज़रा डाल दो अपनी ज़ुल्फ़ों का साया
मुक़द्दर बहुत नारसा[3] है किसी का

तुम्हें इससे क्या बहस क्यों पूछते हो
कोई तज़केरा[4] हो रहा है किसी का

मेरी बज़्म में आके वो पूछते हैं
बुरा हाल हमने सुना है किसी का

---

1. गर्मी, दहन, 2. जलन, 3. जो पा न सके, 4. चर्चा करना, स्मृति

ग़ैर को मुँह लगा के

ग़ैर को मुँह लगा के देख लिया
झूठ-सच आज़मा के देख लिया

उनके घर 'दाग़' जाके देख लिया
दिल के कहने में आके देख लिया

है इधर आईना उधर दिल है
जिसको चाहा उठा के देख लिया

उनको ख़िलवत-सरा[1] में बेपरदा
साफ़ मैदान पा के देख लिया

'दाग़' ने ख़ूब आशिक़ी का मज़ा
जल के देखा जला के देख लिया

---

1. तन्हाई की जगह

जब जवानी का मज़ा

जब जवानी का मज़ा जाता रहा
ज़िंदगानी का मज़ा जाता रहा

वो क़सम खाते हैं अब हर बात पर
बद-गुमानी का मज़ा जाता रहा

ख़्वाब में तेरी तजल्ली[1] देख ली
लन-तरानी का मज़ा जाता रहा

छुट सके बरसात में क्यों कर शराब
सर्द पानी का मज़ा जाता रहा

दर्द ने उठ कर उठाया बज़्म से
नातवानी[2] का मज़ा जाता रहा

कोई तुझ पर बेग़रज़ मरता नहीं
जाँ-फ़शानी[3] का मज़ा जाता रहा

---

1. प्रकाश, आभा, 2. शक्तिहीनता, निर्बलता 3. जान तोड़ कोशिश

आप वो अपने निगेहबाँ बन गए
पासबानी[4] का मज़ा जाता रहा

दूसरा पूरा पड़ा क़ातिल का हाथ
सख़्त-जानी का मज़ा जाता रहा

नामा-बर ने तै किए सारे पयाम
मुँह ज़बानी का मज़ा जाता रहा

कोई दिन की अब हवा खाते हैं हम
दाने पानी का मज़ा जाता रहा

4. निरीक्षण, निगरानी

तेरे कूचे में बपा है

तेरे कूचे में बपा है हश्र क्यों
हो गया ख़ाली अदम-आबाद[1] क्या

उनकी सूरत देखते रहते हैं हम
देखिए किस वक़्त हो इरशाद क्या

दिल में ताकत हो तो सब कुछ हो सके
अर्श[2] तक जाती नहीं फ़रियाद क्या

'दाग़' शब[3] को ज़हर खाकर मर गया
लो उठो, बैठे हुए हो शाद[4] क्या

1. यमलोक, परलोक, 2. आसमान, 3. रात, 4. प्रसन्न

तुमको मेरे मरने की

तुमको मेरे मरने की ये हसरत ये तमन्ना
अच्छों को बुरी बात का अरमाँ नहीं देखा

लो और सुनो, कहते हैं वो देख के मुझ को
जो हाल सुना था वो परीशाँ नहीं देखा

तुम मुँह से कहे जाओ कि देखा है ज़माना
आँखें तो ये कहती हैं कि हाँ हाँ नहीं देखा

कहती है मेरी क़ब्र पे रो रो के मुहब्बत
यूँ ख़ाक[1] में मिलते हुए अरमाँ नहीं देखा

क्यों पूछते हो कौन है ये किसकी है शोहरत[2]
क्या तुमने कभी 'दाग़' का दीवाँ नहीं देखा

1. धूल, 2. प्रसिद्धि

अच्छी सूरत पे ग़ज़ब

अच्छी सूरत पे ग़ज़ब टूट के आना दिल का
याद आता है हमें हाय ज़माना दिल का

तुम भी मुँह चूम लो बे-साख़्ता[1] प्यार आ जाए
मैं सुनाऊं जो कभी दिल से फ़साना दिल का

उन हसीनों का लड़कपन ही रहे या अल्लाह
होश आता है तो आता है सताना दिल का

मेरी आग़ोश[2] से क्या हैं वो तड़प कर निकले
उनका जाना था इलाही कि ये जाना दिल का

छोड़ कर उसको तेरी बज़्म[3] से क्यों कर जाऊँ
इक जनाज़े का उठाना है उठाना दिल का

---

1. एकदम, 2. गोद, बग़ल, 3. महफ़िल

बुरा है शाद को

बुरा है शाद को नाशाद करना
समझ कर सोच कर बेदाद करना

'नहीं आता हमें बरबाद करना'
ये फिर कहना ये फिर इरशाद करना

उदू[1] के ग़म में यूँ फ़रियाद हर वक़्त
भुला दूँगा तुझे मैं याद करना

मेरे सय्याद[2] को इक खेल ठहरा
फँसा कर दाम[3] से आज़ाद करना

जो आँखों में है दिल में हो वही नूर
इलाही दोनों घर आबाद करना

---

1. शत्रु, 2. शिकारी, 3. जाल, फंदा

हज़ारों हसरतें वो हैं

हज़ारों हसरतें वो हैं कि रोके से नहीं रुकतीं
बहुत अरमान ऐसे हैं कि दिल के दिल में रहते हैं

ख़ुदा रखे मुहब्बत ने किए आबाद दोनों घर
मैं उनके दिल में रहता हूँ वो मेरे दिल में रहते हैं

हमारे साये से बचता है हर एक बज़्म में उनकी
हमें देखो कि हम तन्हा भरी महफ़िल में रहते हैं

तन-आसानी[1] कहाँ तक़दीर में हम दिल गिरफ्तों की
ख़ुदा पर ख़ूब रौशन है कि जिस मुश्किल में रहते हैं

1. आराम

ग़ैर का मैं भी अगर

ग़ैर का मैं भी अगर चाहने वाला होता
ढंग इस चाह का दुनिया से निराला होता

जान ऐ काश मुहब्बत में संभल कर जाती
मौत की मौत संभाले का संभाला होता

तेशा फरहाद ने बेकार संभाला ऐ इश्क़
काम बनता जो ज़रा दिल को संभाला होता

साथ उश्शाक़ के ये फिर भी न करता नरमी
आसमाँ गर हमा-तन[1] रुई का गाला होता

कुछ क़यामत तो न थी हिज्र[2] की शब ऐ तक़दीर[3]
इस बला को किसी तदबीर[4] से टाला होता

सुन के अल्लाह की तारीफ़ कहा उस बुत ने
तू ने हम में तो कोई ऐब निकाला होता

---

1. पूरी तरह से, 2. वियोग, विरह, 3. नसीब, 4. तरकीब

हम सुनाते जो कोई दर्द हमारा सुनता
दिल दिखाते जो कोई देखने वाला होता

नामा-बर देख के तेवर उन्हें ख़त देना था
बातों-बातों में फ़क़त काम निकाला होता

अब दिल है मुक़ाम

अब दिल है मुक़ाम बेकसी का
यूँ घर न तबाह हो किसी का

फिर देखते ऐश आदमी का
बनता जो फ़लक मेरी ख़ुशी का

गुलशन में तेरे लबों ने गोया
रस चूस लिया कली-कली का

लेते नहीं बज़्म में मेरा नाम
कहते हैं ख़याल है किसी का

जीते हैं किसी की आस पर हम
एहसान है ऐसी ज़िंदगी का

बनती है बुरी कभी जो दिल पर
कहता हूँ बुरा हो आशिक़ी का

मातम से मेरे वो दिल में ख़ुश है
मुँह पर नहीं नाम भी हँसी का

वो फिर मुझसे दिल

वो फिर मुझसे दिल हीलागर[1] ले गया
इधर दे गया था उधर ले गया

तसव्वुर[2] में भी अब तो आती नहीं
कोई क्या तुम्हारी कमर ले गया

छुपाया बहुत हमने पहलू में दिल
कोई लेने वाला मगर ले गया

रक़ीबों के हाथों से महशर के दिन
तुम्हें छीनकर मैं अगर ले गया

शिकायत सुनी आज क्या-क्या तेरी
कि दुश्मन मुझे अपने घर ले गया

कलेजा जो अब मुँह को आता नहीं
तेरा तीर शायद जिगर ले गया

---

1. चालबाज, धोखेबाज़, बहाना बनाने वाला, 2. ध्यान, विचार, कल्पना

धरा क्या है अब लेने आए हो क्या
कोई तुमसे दिल पेश्तर[3] ले गया

बचा ले गया जान गर तुझसे ग़ैर
वो क्या ले गया अपना सर ले गया

ये क्या ऐसी वहशत उठी 'दाग़' को
उठा कर कहाँ घर का घर ले गया

3. पहले, आगे

इश्क़ में दिल ने

इश्क में दिल ने बहुत काम निकाला अपना
सच है मिलता है कहाँ चाहने वाला अपना

उस पे मरते हैं जो बेहर्द हो बे-मेहर[1] भी हो
इश्क़ है सारे ज़माने से निराला अपना

अपनी तस्वीर वो खिंचवाए ये मुमकिन ही नहीं
जिसने आईने में भी अक्स[2] न डाला अपना

ग़ैर के मिलने से दुनिया में हुई बदनामी
तुमने आलम[3] में बड़ा नाम उछाला अपना

ख़ाक किस-किस की ख़ुदा जाने हुई दामन-गीर
तुमने चलते हुए दामन न संभाला अपना

चर्ख़ का पाँव है मुद्दत से युँही गर्दिश[4] में
है बजा, गर कहे ख़ुरशीद को छाला अपना

---

1. निर्मम, जिसमें ममता न हो, 2. प्रतिबिम्ब, साया, 3. संसार, 4. चक्कर, फिराव, परिक्रमा

उसके दामन की जुनूँ में भी रही हमको तलाश
जेब पर अपनी कभी हाथ न डाला अपना

ग़ैर से मिलने की लिखी है निहायत ताकीद
और लिखा है मुझे ख़त में हवाला अपना

हैं बुरे हाल के सब देखने वाले ऐ 'दाग़'
कोई दुनिया में नहीं पूछने वाला अपना

दिल उड़ाता है

दिल उड़ाता है दिल लगी के मज़े
पूछना क्या लगी लगाई का

उड़ गए होश दाम में फँस कर
क़ैद क्या नाम है रिहाई का

इक ख़ुदाई की आफ़तें देखीं
हाय सदमा तेरी जुदाई का

और तो हमको कुछ नहीं आता
काम करते हैं आश्नाई का

कोई अब तुझसे

कोई अब तुझसे आरज़ू[1] ही नहीं
अब जो देखा तुझे वो तू ही नहीं

नासेहों से कलाम कौन करे
अपनी ऐसों से गुफ़्तुगू ही नहीं

इस क़दर नाज़ है तुम्हें गोया
कोई दुनिया में ख़ूबरू ही नहीं

जो तेरे लुत्फ़ से निकल जाए
वो मेरे दिल की आरज़ू ही नहीं

है वो सूरत परस्त भी देखो
फक़त आईना ऐब-जू[2] ही नहीं

सादा-लौही[3] तो इश्क़ में देखो
जानता हूँ कोई उदू ही नहीं

---

1. इच्छा, 2. बुराई ढूँढ़ने वाला, 3. भोलापन, सादगी

आँख पड़ती है कहीं

आँख पड़ती है कहीं पाँव कहीं पड़ता है
सबकी है तुमको ख़बर अपनी ख़बर कुछ भी नहीं

काबे जाना भी तो बुतख़ाने से होकर ज़ाहिद
दूर इस राह से अल्लाह का घर कुछ भी नहीं

ला-मकाँ[1] में भी तो कुछ जलवा नज़र आता है
बेकसी[2] मैं तो उधर हूँ कि जिधर कुछ भी नहीं

इक जफ़ा तेरी जो कुछ भी नहीं तो सब कुछ हैं
इक वफ़ा मेरी कि सब कुछ है मगर कुछ भी नहीं

---

1. वह स्थान जो घर न हो, सुनसान, 2. लाचारी, अकेलापन

मोहतसिब पत्थर है दिल

मोहतसिब[1] पत्थर है दिल तेरा तेरे किस काम का
डाल दे इसको किसी मयख़ाने की बुनियाद[2] में

मेरे दिल से 'दाग़' पूछे कोई दिल्ली के मज़े
लुत्फ़ था दोनों जहाँ का इक जहाँ-आबाद में

1. हिसाब लेने वाला, 2. आधार, नींव

गर मेरे बुते-होश-रुबा

गर मेरे बुते-होश-रुबा[1] को नहीं देखा
उस देखने वाले ने ख़ुदा को नहीं देखा

समझा है शबे-हिज्र उदू को वो क़यामत
ज़ालिम ने अभी रोज़े-जज़ा[2] को नहीं देखा

जिस शक्ल से हँसते हैं मेरे हाल पे अहबाब[3]
रोते हुए यूँ अहले-अज़ा[4] को नहीं देखा

अग़यार[5] के नाले तो बहुत तुमने सुने हैं
मज़लूम की तासीरे-दुआ को नहीं देखा

अफ़सोस कि फ़ुरसत में कभी ग़ौर से तुम ने
अफ़साना-ए-अरबाबे-वफ़ा[6] को नहीं देखा

जब 'दाग़' को ढूँढा किसी बुतख़ाने में पाया
घर में कभी उस मर्दे-ख़ुदा को नहीं देखा

---

1. होश उड़ा देने वाला, 2. प्रतिकार, बदला वाला दिन, 3. दोस्त, साथी, 4. मातम करने वाले, 5. बेगाने लोग, प्रतिद्वंद्वी, 6. प्रेमीजन, आशिफ़ लोग

जवाबे-ख़त का मैं

जवाबे-ख़त का मैं शाकी[1] नहीं ये तो बता क़ासिद[2]
उसे किस हाल में छोड़ा उसे किस हाल में देखा

हुए हैं 'दाग़' के मज़हब से हैराँ काफ़िरो-मोमिन
कभी इस हाल में देखा कभी उस हाल में देखा

---

1. शिकायत करने वाला, 2. दूत, संदेश वाहक

नाम ज़ेरे-आसमाँ

नाम ज़ेरे-आसमाँ[1] बाक़ी रहा
मर मिटों का यूँ निशाँ[2] बाक़ी रहा

उसके दर पर जुब्बा-सा[3] लाखों हुए
फिर भी संगे-आस्ताँ बाक़ी रहा

हाल कुछ ऐ दावरे-महशर न पूछ
हाल मुझ में अब कहाँ बाक़ी रहा

जा चुका ऐ 'दाग़' सब मालो[4] मता
शुक्र है लुत्फ़े-जबाँ बाक़ी रहा

1. आसमान के नीचे, दुनिया में, 2. चिन्ह, 3. सिर झुकाना, 4. धन और दूसरा सामान

ख़ारे-हसरत बयान से

ख़ारे[1]-हसरत बयान से निकला
दिल का काँटा ज़बान से निकला

ज़िक्र अहले-वफ़ा[2] का जब आया
'दाग़' उनकी ज़बान से निकला

---

1. काँटा, 2. वफ़ा करने वाले, 3. साथ निभाने वाले

है तुरफ़ा तमाशा

है तुरफ़ा[1] तमाशा सरे-बाज़ारे-मुहब्बत
सर बेचते फिरते हैं ख़रीदारे-मुहब्बत

अल्लाह करे तू भी हो बीमारे-मुहब्बत
सदक़े में छुटे तेरे गिरिफ़्तारे-मुहब्बत

कुछ तज़केरा-ए-इश्क़[2] रहे हज़रते-नासेह[3]
कानों को मज़ा देती है गुफ़्तारे-मुहब्बत[4]

वाइज़[5] की ज़बाँ पर तो वो कल्मे[6] हैं कि गोया
बख़्शे ही न जाएंगे गुनाहगारे-मुहब्बत

इस वास्ते देते हैं वो हर रोज़ नया 'दाग़'
इक दर्द के ख़ूगर[7] न हों बीमारे-मुहब्बत

---

1. अजीब, ओखा, नया, 2. इश्क़ का चर्चा, ज़िक्र, 3. नसीहत करने वाला, 4. मुहब्बत की बात, चर्चा, 5. उपदेशक, 6. बातें, 7. चाहने वाला, आदी

कब से शबे-फ़िराक़ हूँ

कब से शबे-फ़िराक़ हूँ मुश्ताक़[2] दीद का
खुर्शीद हो गया है मुझे चाँद ईद का

झूठा है क़ुफ़्ले-मयकदा[3] ऐ मयकशो नवेद
रहने दो मोहतसिब[4] को मुहाफ़िज़[5] कलीद[6] का

फिर सह्व हो गईं तेरी वादा ख़िलाफ़ियाँ
फिर ऐतबार है मुझे अहदे-जदीद[7] का

बुलबुल की दास्तान सुनी गोश-गुल[8] ने कब
इंसान ही को लुत्फ है गुफ़्तो-शुनीद[9] का

हम एक कहके सुनते हैं मुंह से तेरे हज़ार
लपका[10] पड़ा हुआ है ये गुफ़्तो-शुनीद का

---

1. पृथकता, वियोग, 2. अभिलाषी, 3. मधुशाला का ताला, 4. हिसाब लेने वाला, 5. रक्षक, 6. हिफ़ाजत करने वाला, 6. चाभी, कुंजी, 7. फूल के कान, 8. आधुनिक काल, 9. आदत, चसका, 10. कहासुनी

सितम ही करना

सितम ही करना जफ़ा ही करना निगाहे-उल्फ़त[1] कभी न करना
तुम्हें क़सम है हमारे सर की हमारे हक़ में कमी न करना

हमारी मय्यत पे तुम जो आना तो चार आँसू बहा के जाना
ज़रा रहे पासे-आबरू[2] भी कहीं हमारी हँसी न करना

लिए तो चलते हैं हज़रते-दिल तुम्हें भी उस अंजुमन[3] में लेकिन
हमारे पहलू में बैठकर तुम हमीं से पहलू तही न करना

हम इक रस्ता गली का उसकी दिखा के दिल को हुए पशेमाँ
ये हज़रते ख़िज़र बता दो, किसी की तुम रहबरी[4] न करना

1. प्रेम, स्नेह, 2. प्रतिष्ठा, 3. सभा, 4. पथ प्रदर्शन

ऐ अहले-बज़्म

ऐ अहले-बज़्म चश्मे-मुरव्वत[1] को क्या हुआ
क्यों देखते नहीं मेरी सूरत को क्या हुआ

तलवार बेतुकाँ तो उठाओ न हाथ में
दुनिया कहेगी नाज़ो-नज़ाकत को क्या हुआ

याँ फ़र्ते-ग़म[2] से दिल पे बनी, वाँ वो तमकिनत[3]
पूछा न झूठे मुँह भी तबीयत को क्या हुआ

बे-जुस्तजू मिलेगा न ऐ दिल सुराग़े-दोस्त
तू कुछ तो क़स्द कर तेरी हिम्मत को क्या हुआ

मंज़ूर ज़िक्रे-ग़ैर से था इम्तिहाने-दिल
देखें तो आप अपनी तबीयत को क्या हुआ

जाना है कू-ए-यार में ऐ दिल ख़िलाफ़े-अक़्ल
आते हुए बलाओ—मुसीबत को क्या हुआ

---

1. शील, संकोच, 2. शोक और दुःख का आधिक्य, 3. अभिमान, गर्व

आप का एतबार

आप का एतबार कौन करे
रोज़ का इन्तज़ार कौन करे

तुम हो जो जान इक ज़माने की
जान तुम पर निसार[1] कौन करे

अपनी तस्बीह[2] रहने दे ज़ाहिद
दाना-दाना शुमार कौन करे

हिज्र में ज़हर खाके मर जाएँ
मौत का इन्तिज़ार कौन करे

ग़ैर ने तुमसे बेवफ़ाई की
ये चलन इख़्तियार[3] कौन करे

'दाग़' की शक्ल देखकर बोले
ऐसी सूरत को प्यार कौन करे

1. बलि, कुर्बान, न्योछावर, 2. जप करने की माला, 3. अधिकार, हक, धारण

क्या-क्या फ़रेब

क्या-क्या फ़रेब[1] दिल को दिए इज़तिराब में
उनकी तरफ़ से आप लिखे ख़त जवाब में

शोख़ी ने तुमको डाल दिया इज़तिराब[2] में
कुछ तमकिनत[3] का लुत्फ़ न देखा शबाब में

क्या जाने क्या सिखाएंगे उनको सलाहकार
हर रोज़ गुफ़्तगू है नई मेरे बाब[4] में

गर वो न आएंगे तो अजल आएगी ज़रूर
तसकीं[5] मिली हुई है मेरे इज़तिराब में

दुनिया की बाज़-पुर्स[6] से अब तक नहीं निजात
उलझा हुआ हूँ हश्र के दिन भी हिसाब में

कोई गिला करेगा न गुस्से की बात का
कहना हो जो किसी को, वो कह लो एताब[7] में

ऐ 'दाग़' कोई मुझ-सा न होगा गुनाहगार
है मासियत[8] से मेरी जहन्नुम अज़ाब में

---

1. धोखे, 2. व्याकुलता, बेचैनी, 3. गर्व, 4. अध्याय, 5. दिलासा, सन्तोष, 6. पूछताछ, 7. मलामत, गुस्सा, 8. पाप, गुनाह

जब कहा और भी

जब कहा और भी दुनिया में हसीं अच्छे हैं
क्या हो झुंझला के वो बोले कि 'हमीं अच्छे हैं'

ख़ाक में आह मिला कर हमें क्या पूछते हो
ख़ैर जिस तौर हैं हम ख़ाक-नशीं[1] अच्छे हैं

हमको कूचे से तुम्हारे न उठाए अल्लाह
सदक़े बस ख़ुल्द[2] के कुछ हम तो यहीं अच्छे हैं

दिल में क्या ख़ाक जगह दूँ तेरे अरमानों को
कि मकाँ है ये ख़राब और मकीं[3] अच्छे हैं

---

1. विनम्र, विनीत, 2. स्वर्ग, 3. निवासी

शोख़ी ने तेरी

शोख़ी ने तेरी काम किया इक निगाह में
सूफ़ी है बुत-कदे में, सनम ख़ानक़ाह[1] में

आँखें बिछायें हम तो उदू[2] की भी राह में
पर क्या करें कि तू है हमारी निगाह में

दिल में समा गई है क़यामत की शोख़ियाँ
दो चार दिन रहा था किसी की निगाह में

इस तौबा पर है नाज़ तुझे ज़ाहिद इस क़दर
जो टूट कर शरीक हो मेरे गुनाह में

आती है बात-बात मुझे याद बार-बार
कहता हूँ दौड़-दौड़ के क़ासिद[3] से राह में

कैसा नज़ारा, किसका इशारा, कहाँ की बात
सब कुछ है और कुछ नहीं नीची निगाह में

---

1. सूफ़ी के रहने का स्थान, 2. दुश्मन, 3. संदेशवाहक

बात मेरी कभी

बात मेरी कभी सुनी ही नहीं
जानते वो बुरी भली ही नहीं

दिल लगी उनकी दिल लगी ही नहीं
रंज भी है फ़क़त हँसी ही नहीं

उड़ गई यूँ वफ़ा ज़माने से
कभी गोया किसी में थी ही नहीं

जान क्या दूँ कि जानता हूँ मैं
तुमने ये चीज़ ले के दी ही नहीं

हम तो दुश्मन को दोस्त कर लेते
पर करें क्या तेरी ख़ुशी ही नहीं

हम तेरी आरज़ू पे जीते हैं
ये नहीं है तो ज़िंदगी ही नहीं

दिल लगी दिल लगी नहीं नासेह[1]
तेरे दिल को अभी लगी ही नहीं

'दाग़' क्यों तुमको बेवफ़ा कहता
वो शिकायत का आदमी ही नहीं

1. नसीहत करने वाला, उपदेशक

फ़लक देता है

फ़लक[1] देता है जिनको ऐश, उनको ग़म भी होते हैं
जहाँ बजते हैं नक़्क़ारे वहाँ मातम भी होते हैं

गिले शिकवे कहाँ तक होंगे आधी रात तो गुज़री
परीशाँ तुम भी होते हो परीशाँ हम भी होते हैं

वो आँखें सामरी फ़न[2] है वो लब ईसा-नफ़स[3] देखो
मुझी पर सहर[4] होते हैं मुझी पर दम[5] भी होते हैं

बज़ाहिर रहनुमा है और दिल में बद गुमानी है
तेरे कूचे में जो जाता है आगे हम भी होते हैं

जो कहता हूँ कि मरता हूँ तो फ़रमाते हैं 'मर जाओ'
जो ग़श आता है तो मुझ पर हज़ारों दम भी होते हैं

---

1. आकाश, गगन, भगवान, 2. जादुई, मायावी, 3. जिसकी फूँक से मृत प्राणी जी उठे, 4. जादू, 5. झाड़-फूँक

वो दुशनाम लाखों

वो दुशनाम[1] लाखों मुझे दे रहे हैं
मज़े लेने वाले मज़े ले रहे हैं

तसल्ली[2] मेरे दिल को क्या दे रहे हैं
कलेजे में वो चुटकियाँ ले रहे हैं

अजब ख़ूबियाँ ख़ूबरूयों[3] में देखीं
बुराई में भी सबसे अच्छे रहे हैं

रक़ीबों की है चाँदनी चार दिन की
हमेशा कहाँ दौर-दौरे रहे हैं

वहाँ ख़ाक उड़ती है अब वाए हसरत[4]
जहाँ सालहा-साल जलसे रहे हैं

मज़ा दे गया है फ़साना हमारा
महीनों वहाँ इसके चरचे रहे हैं

1. गाली, इल्ज़ाम, 2. ढारस, दिलासा, 3. रूपवानों, खूबसूरतों, 4. निराशा, दुःखे

अदम को चले जाएंगे हिज्र में हम
अकेले रहेंगे अकेले रहे हैं

मुहब्बत में अच्छा नहीं दौड़ चलना
जो आगे चले हैं वो पीछे रहे हैं

ख़ुदा ज़िंदा रक्खे मेरे दोस्तों को
बहुत चल बसे और थोड़े रहे हैं

ये तो नहीं

ये तो नहीं कि तुम-सा जहाँ में हसीं नहीं
इस दिल को क्या करूँ ये बहलता कहीं नहीं

हाँ-हाँ कहो ज़बान से या तुम नहीं-नहीं
हमको तुम्हारी बात का मुतलक़[1] यकीं नहीं

दिल के सिवा न काबे में है, वो न दैर में
गर है तो बस यहीं है, नहीं तो कहीं नहीं

तुम मेहरबाँ हो कि न हो, इससे बहस क्या
वो दिल नहीं, वो लाग नहीं वो हमीं नहीं

कहता हूँ दिल से और हसीं ढूंढिए कहीं
आता है फिर ख़याल के ऐसा कहीं नहीं

माशूक़ बनके छूट गए सब सितम-शिआर[2]
यारब सितम रसीदों की पुरसिश[3] कहीं नहीं

---

1. थोड़ा भी, 2. जुल्म करने वाला अत्याचारी, 3. पूछ-गछ

अफ़सोस है कि दर्द भी अब छोड़ता है साथ
ये भी अख़ीर वक़्त कहीं है कहीं नहीं

बातें तुम्हारी और तुम्हारी शिकायतें
जो कुछ सुनी हैं हमने वो तुमसे कहीं नहीं

कहते हैं लोग 'दाग़' से वो बद-गुमान है
ऐसा तुम्हारी ज़ात से उसको यक़ीं नहीं

किसी का मुझको न

किसी का मुझको न मोहताज रख ज़माने में
कमी है कौन सी यारब तेरे ख़ज़ाने में

इस इनफ़ेआल[1] से घर छोड़ना पड़ा मुझको
वो आज आएँगे मेरे ग़रीब ख़ाने में

रक़ीब[2] भी तो उसे कान रखके सुनते हैं
अजब तरह का मज़ा है मेरे फ़साने में

---

1. शर्मिन्दगी, 2. प्रतिद्वंदी

नज़र आता हूँ न

नज़र आता हूँ, न उस बज़्म से उठ सकता हूँ
नातवानी से बड़े काम लिए जाते हैं

नामाबर[1] एक भी सच्चा नहीं देखा हमने
सैकड़ों मुफ़्त के इनआम लिए जाते हैं

जब तस्व्वुर में कोई परदा-नशीं[2] होता है
दिल से आँखों के बहुत काम लिए जाते हैं

इश्क़[3] करता है मेरे दिल की सफ़ाई क्या-क्या
ऐसे मेहमान से भी काम लिए जाते हैं

दिल न जो हमसे कहा है वो अदा करना है
आप हम अपना ही पैग़ाम लिए जाते हैं

क्या मज़ा है कि शिकायत में मज़ा आता है
खुद वो इल्ज़ाम पे इल्ज़ाम लिए जाते हैं

पहले तो ऐसे वफ़ादार को आज़ाद किया
मोल अब 'दाग़' के हमनाम[4] लिए जाते हैं

1. पत्रवाहक, 2. पर्दे में रहने वाली, 3. मुहब्बत, 4. एक जैसे नाम वाला

क्यों करते हो

क्यों करते हो दुनिया की हर इक बात से तौबा
मंजूर[1] तो है मेरी मुलाक़ात से तौबा

ये फ़स्ल अगर होगी तो हर रोज़ पिएँगे
हम मय से करें तौबा कि बरसात से तौबा

खुद हम न मिलेंगे न कहीं जाएँगे मेहमाँ
की आपने वल्लाह नई घात[2] से तौबा

काफ़िर तेरी तक़रीर तो अच्छी है करें क्या
करते हैं मुसलमान बुरी बात से तौबा

वो आई घटा झूम के ललचाने लगा दिल
वाइज़[3] को बुलाओ कि चली हाथ से तौबा

दुनिया में कोई बात ही अच्छी नहीं ज़ाहिद[4]
इस बात से तौबा कभी उस बात से तौबा

1. क़ुबूल करना, 2. दाव, 3. अदेशक, 4. परहेज़गार, तपस्वी

ग़ैर हो ना-शाद

ग़ैर हो ना-शाद[1] क्यों कैसी कही
चाहता हूँ दाद क्यों कैसी कही

पीरज़न के साथ बोल उट्ठी अजल[2]
उसने ऐ फ़रहाद क्यों कैसी कही

तुमने दिल की बात क्यों कैसी सुनी
हमने ये रूदाद[3] क्यों कैसी कही

मैं करूँ तेरी तरह तुझ पर सितम
ऐ सितम ईजाद क्यों कैसी कही

तू भी ऐ नासेह किसी पर जान दे
हाथ ला उस्ताद क्यों कैसी कही

'दाग़' तुझको बाग़े-जन्नत हो नसीब
ख़ानुमा-बरबाद[4] क्यों कैसी कही

---

1. ना ख़ुश, 2. मौत, मृत्यु, 3. हालात, दास्तान, 4. उजड़ा हुआ, बे घर-बार का

मुन्सिफ़ी दुनिया से

मुन्सिफ़ी[1] दुनिया से सारी उठ गई
ऐ बुतो ईमानदारी उठ गई

दिल से वो बेइख़्तयारी[2] उठ गई
अब तमन्ना ही तुम्हारी उठ गई

वो सोग में मेरे, कब आए के जब
बैठकर मख़लूक़[3] सारी उठ गई

रह गए लाखों कलेजा थाम कर
आँख जिस जानिब तुम्हारी उठ गई

जब हुआ सजदे में उस बुत का ख़याल
ख़ुद बख़ुद गर्दन हमारी उठ गई

हम खिंचे ऐसे कि आख़िर उनको भी
अब तवक्क़ो[4] ही हमारी उठ गई

---

1. इंसाफ़, न्याय, 2. बेतकल्लुफ़ी, 3. जनता, लोग, 4. आशा

कहने देती नहीं

कहने देती नहीं कुछ मुँह से मुहब्बत तेरी
लब पे रह जाती है आ-आ के शिकायत तेरी

पूछते हैं वो मेरी बात तो यूँ पूछते हैं
कहते हैं कौन है तू क्या है हक़ीक़त तेरी

याद सब कुछ हैं मुझे हिज्र के सदमे ज़ालिम
भूल जाता हूँ मगर देख के सूरत तेरी

अदम-आबाद[1] को जाते हैं बशर ख़ाली हाथ
मुझको है नाज़ के ले जाऊँगा हसरत तेरी

यार ग़म-ख़्वार[2], मेरे हाल को सब पूछते हैं
और फिर पूछ के सब कहते हैं क़िस्मत तेरी

है रक़ीबों की ज़बाँ पर भी सितम[3] का शिकवा[4]
तू भी मजबूर है जाती नहीं आदत तेरी

---

1. यमलोक, 2. सहानुभूति करने वाला, हमदर्द, 3. जुल्म, 4 शिकायत

रूह किस मस्त की

रूह किस मस्त की प्यासी गई मयखाने से
मय उड़ी जाती है साक़ी तेरे पैमाने से

कहीं देखी न सुनी ऐसी तो ठंडी मिट्टी
बुझ गया और भी नासेह[1] मेरे भड़काने से

ख़ुद-फ़रामोश[2] किया याद ने तेरी अच्छा
रह गई अपनी मुसीबत मुझे याद आने से

ये भी दुश्मन ही के हिस्से में सही ऐ तक़दीर
काम क्या उसके तसव्वुर[3] को यहाँ आने से

ख़ूँ-बहा की है अबस फ़िक्र मेरे क़त्ल के बाद
अब दुआ कीजिए क्या फ़ायदा घबराने से

एक चुल्लू में बहुत 'दाग़' बहक उट्ठे थे
आज सुनते हैं निकाले गए मयख़ाने से

---

1. नसीहत करने वाला, 2. अपने आप को भूला हुआ, विस्मृत 3. ध्यान, विचार, कल्पना

चारागर हम होश में

चारागर[1] हम होश में आएँगे क्या तदबीर से
अक़्ल दीवानी नहीं बाँधें जिसे ज़ंजीर से

हर ख़तावार[2] आप के एहसान का मारा गया
अफ़्व[3] करना जुर्म का बढ़कर हुआ ताज़ीर[4] से

शुक्र है ऐ दिल कि उनको गुस्सा आकर रह गया
आ लिया था मौत ने पर बच गए तक़दीर से

बेक़रारी का बुरा हो मुनफ़ईल[5] क़ातिल से हूँ
इक जगह ठहरा न मैं बच-बच गया हर तीर से

पड़ गई क्यों कर इलाही दिल में उस बुत के गिरह
बच रहा था कौन-सा उक़दा[6] मेरी तक़दीर से

हर सुख़न में गरचे सौ पहलू बचाता हूँ मगर
आरज़ूएँ टपकी पड़ती हैं मेरी तक़रीर से

---

1. चिकित्सक, उपचारक, 2. क़सूरवार, 3. माफ़ करना, क्षमा, 4. सज़ा देना, दण्ड देना, 5. शर्मिन्दा, 6. राज़, भेद

गर रसाई[7] चाहती है और तू अपना उरूज़[8]
ऐ दुआ मिल जा किसी उचकी हुई तक़दीर से

'दाग़' जलने के लिए काफ़ी है उसकी बज़्म में
काट डाले कोई परवाने का सर गुलगीर[9] से

7. पहुँच प्रवेश, 8. पिंगल, छद शास्त्र, 9. चराग़ का गुल कतरने की कैंची

बुत को बुत और

बुत को बुत और ख़ुदा को जो ख़ुदा कहते हैं
हम भी देखें तो उसे देख के क्या कहते हैं

हम तसव्वुर[1] में भी जो बात ज़रा कहते हैं
सब में उड़ जाती है ज़ालिम इसे क्या कहते हैं

जो भले हैं वो बुरों को भी भला कहते हैं
न बुरा सुनते हैं अच्छे न बुरा कहते हैं

वक़्त मिलने का जो पूछा तो कहा कह देंगे
ग़ैर का हाल जो पूछा तो कहा कहते हैं

नहीं मिलता किसी मज़मूँ[2] से हमारा मज़मूँ
तर्ज़ अपनी है जुदा, सबसे जुदा 'कहते हैं'

पहले तो 'दाग़' की तारीफ़ हुआ करती थी
अब ख़ुदा जाने वो, क्यों इसको बुरा कहते हैं

---

1. विचार, ख़याल, कल्पना, 2. निबंध, लेख

ख़ाक क्या-क्या न उड़ाई

ख़ाक क्या-क्या न उड़ाई तेरे दीवानों ने
दश्त[1] पर दश्त बयाबाँ[2] पे बयाबाँ उल्टा

नाज़ ये है न किया क़तअ-त्तअल्लुक़[3] हमने
वो जताते हैं जफ़ा करके भी एहसाँ उल्टा

1. कानन, वन, 2. जंगल, 3. रिश्ता तोड़ना, सम्बन्ध तोड़ना

तुम कि बेदाद करो

तुम कि बेदाद[1] करो और न शरमाओ ज़रा
हम कि ना-करदा-गुनाह[2] और पशेमान[3] बहुत

हसरतें रोज़ नई दिल में भरी जाती हैं
थोड़े-थोड़े भी हुए जाते हैं मेहमान बहुत

सोचिये दिल में तो हो इश्क़ निहायत दुश्वार[4]
न समझिए तो यही काम है आसान बहुत

हसरतें ले तो चले रूह अदम को लेकिन
इस मुसाफ़िर से चलेगा न ये सामान बहुत

1. अत्याचार, नीति, 2. न किया हुआ गुनाह, 3. शर्मिन्दा, 4. मुश्किल, कठिन

गालियों में अदा

गालियों में अदा निकाली है
बात में बात क्या निकाली है

दर्द-मन्दो[1] को कत्ल करते हो
वाह अच्छी अदा निकाली है

नाम निकला जहाँ में परदानशीं[2]
ये कहाँ की हया निकाली है

दिल जो वापिस तलब किया तो कहा
ये नई इल्तिजा[3] निकाली है

बात कैसी वो हो गए हैं ख़फ़ा
मुँह से जब उफ़ ज़रा निकाली है

'दाग़' मोजिज़-बयाँ[4] है क्या कहना
तर्ज़ सबसे जुदा निकाली है

1. हमदर्द, सहानुभूति रखने वाला, 2. पर्दे में रहने वाली स्त्री, 3. प्रार्थना, 4. चमत्कारी बात कहने वाला

मिले क्या कोई

मिले क्या कोई उस पर्दानशीं[1] से
छुपाए मुँह जो सूरत-आफ़रीं[2] से

मेरी लाश पर उसने मुस्कुरा कर
मलीं आँखें उदू की आस्तीं से

असर तक दसतरस[3] क्यों कर हो यारब
दुआ ने हाथ बाँधे हैं यहीं से

उन्होंने दिल लिया है मुफ़्त वो भी
बड़ी हुज्जत[4] से, नफ़रत से, नहीं से

बताऊँ नाम ऐ दरबाँ तुझे क्या
ये कह दे कोई आया है कहीं से

मेरा अहमद मिले महशर[5] में मुझको
करूँगा अर्ज़ रब्बुल-आलमीं[6] से

कभी देखा है इतना 'दाग़' को ख़ुश
चले आते हैं ये हज़रत वहीं से

1. पर्दे में रहने वाली स्त्री, 2. अच्छी सूरत वाला, 3. पहुँच, 4. तर्क, दलील, 5. क़यामत, 6. ख़ुदा

दिल चुराकर

दिल चुराकर नज़र चुराई है
'लुट गए, लुट गए दुहाई है'

एक दिन मिल के फिर नहीं मिलते
किस क़यामत की ये जुदाई है

मैं यहाँ हूँ वहाँ है दिल मेरा
नारसाई[1] अजब रसाई[2] है

पानी पी-पी के तौबा करता हूँ
पारसाई सी पारसाई[3] है

वादा करने का इख़्तियार[4] रहा
बात करने में क्या बुराई है

कब निकलता है अब जिगर से तीर
ये भी क्या तेरी आशनाई[5] है

'दाग़' उनसे दिमाग करते हैं
नहीं मालूम क्या समाई है

1. पहुँच न होना, 2. पहुँच प्रवेश, 3. संयमी, पवित्त्रा, 4. काबू, 5. मैत्री, दोस्ती, जान-पहचान

फ़सुरदा दिल कभी

फ़सुरदा[1] दिल कभी ख़लवत न अंजुमन में रहे
बहार होके रहे हम जो जिस चमन में रहे

मुझे ये डर है कि ईमान ले न आएँ लोग
ख़ुदा करे ग़लती कुछ मेरे सुख़न में रहे

मिले जो बेवतनी में ज़रा भी आसाइश[2]
अक़ीक़[2] जाके अदन में, गुहर[4] यमन में रहे

तेरा वो हुस्न है ऐ शोला-रू जो तू चाहे
बग़ैर शमा का परवाना अंजुमन में रहे

जुनूँ से क्या हमें उक़बा[5] में शर्म-सारी है
क पैरहन[6] से जो निकले तो हम कफ़न में रहे

1. खिन्न, मलिन, 2. सुख, चैन, 3. एक बहुमूल्य पत्थर जो कई रंग का होता है, 4. मुक्त, मोती, 5. परलोक, यमलोक, 6. कुर्ता, कमीज़

सबक़ ऐसा पढ़ा

सबक़ ऐसा पढ़ा दिया तूने
दिल से सब कुछ भुला दिया तूने

हम निकम्मे हुए ज़माने के
काम ऐसा सिखा दिया तूने

कुछ तअल्लुक़[1] रहा न दुनिया से
शग़्ल[2] ऐसा बता दिया तूने

किस ख़ुशी की ख़बर सुना के मुझे
ग़म का पुतला बना दिया तूने

क्या बताऊँ कि क्या लिया मैंने
क्या कहूँ मैं कि क्या दिया तूने

जिस क़दर मैंने तुझसे ख़्वाहिश की
इससे मुझको सिवा दिया तूने

'दाग़' को कौन देने वाला था
जो दिया ऐ ख़ुदा दिया तूने

---

1. सम्बन्ध सम्पर्क, 2. कार्य, काम

ग़म उठाने के वास्ते

ग़म उठाने के वास्ते दम है
ज़िंदगी है अगर तो क्या ग़म है

आए हैं वो रक़ीब[1] के घर से
इक ख़ुशी है तो एक मातम है

कहते हो कुछ कहो कहूँ क्या ख़ाक
जानता हूँ मिज़ाज बरहम[2] है

क्या नए दोस्तों से बिगड़ी आज
दुश्मनों का कुछ और आलम[3] है

मुझको देखा तो ग़ैर से ये कहा
उम्र इस नौजवान की कम है

गर ख़ुशी है तो वस्ल की है ख़ुशी
ग़म अगर है तो हिज्र का ग़म है।

इक जहाँ मेहरबाँ हुआ तो क्या
मेहरबानी तेरी मुक़ददम[4] है

सुनते हैं 'दाग़' कल वो आए थे
बारे अब तो सुलूक, बाहम[5] है

---

1. दुश्मन, प्रतिद्वंदी, 2. अस्त-व्यस्त, नाराज़, 3. दशा, हालत, 4. प्रधान, मुख्य, 5. परस्पर, एक साथ

बुताने माहवश

बुताने माहवश उजड़ी हुई मंज़िल में रहते हैं
कि जिसकी जान जाती है उसी के दिल में रहते हैं

खुदा रक्खे सलामत जिनको उनको मौत कब आए
तड़पते लोटते हम कूच-ए-क़ातिल[1] में रहते हैं

मुहीते-इश्क़[2] की हर मौज़ तूफ़ाँ-ख़ेज़[3] ऐसी है
वो है गिरदाब में जो दामने साहिल में रहते हैं

बुतों को महरमे-असरार[4] तूने क्यों किया यारब
कि ये काफ़िर हर इक ख़लवत-सराए दिल में रहते हैं

---

1. क़ातिल की गली, महबूब की गली, 2. व्यापक प्रेम, 3. तूफ़ान उठाती हुई, 4. राज़ या भेद का जानने वाला

उज्र आने में भी

उज्र आने में भी है और बुलाते भी नहीं
बाइसे-तर्के-मुलाक़ात[1] बताते भी नहीं

सर उठाओ तो सही आँख मिलाओ तो सही
नश्शा-ए-मय भी नहीं नींद के माते भी नहीं

ख़ूब परदा है कि चिलमन से लगे बैठे हैं
साफ़ छुपते भी नहीं सामने आते भी नहीं

1. मुलाक़ात विच्छेद का कारण

साफ़ कब इम्तेहान

साफ़ कब इम्तेहान लेते हैं
वो तो दम दे के जान लेते हैं

यूँ है मंज़ूर ख़ाना वीरानी
मोल मेरा मकान लेते हैं

तुम तग़ाफ़ुल[1] करो रक़ीबों[2] से
जानने वाले जान लेते हैं

'फिर न आना अगर कोई भेजे'
नामाबर से ज़बान लेते हैं

अपने बिस्मिल का सर है ज़ानू पर
किस मुहब्बत से जान लेते हैं

कर गुज़रते हैं हो बुरी कि भली
दिल में जो कुछ वो ठान लेते हैं

वो झगड़ते हैं जब रक़ीबों से
बीच में मुझको सान लेते हैं

1. उपेक्षा, 2. दुश्मन, प्रतिद्वंदी

दिल गया तुमने लिया

दिल गया तुमने लिया हम क्या करें
जाने वाली चीज़ का ग़म क्या करें

मैंने मर कर हिज्र में पाई शिफ़ा[1]
ऐसे अच्छे का वो मातम क्या करें

एक साग़र पर है अपनी ज़िंदगी
रफ़्ता-रफ़्ता इससे भी कम क्या करें

कर चुके सब अपनी-अपनी हिकमतें[2]
दम निकलता है वो हमदम क्या करें

तुन्द-ख़ू[3] है कब सुने वो दिल की बात
और भी बरहम[4] को बरहम क्या करें

आईना है और वो हैं देखिए
फ़ैसला दोनों ये बाहम क्या करें

---

1. रोग से छुटकारा पाना, 2. विज्ञान, तरकीब, 3. तेज़ मिज़ाज़ वाला, गुस्सैल, 4. अस्त-व्यस्त, गुस्से में भरा हुआ

राह पर उनको लगा जाए

राह पर उनको लगा लाए तो हैं बातों में
और खुल जाएँगे दो चार मुलाक़ातों में

ये भी तुम जानते हो चंद मुलाक़ातों में
आज़माया है तुम्हें हमने कई बातों में

ग़ैर के सर की बलाएँ तो नहीं लीं ज़ालिम
कि मेरे क़त्ल को भी जान नहीं हाथों में

यारब उस चाँद के टुकड़े को कहाँ से लाऊँ
रोशनी जिसकी हो इन तारों भरी रातों में

क्या क़यामत है उस अरमान भरे की हसरत
एक शब जिसको मयस्सर न हो सौ रातों में

हमसे इंकार हुआ ग़ैर से इक़रार हुआ
फ़ैसला ख़ूब किया आपने दो बातों में

वस्ल कैसा वो किसी तरह बहलते ही न थे
शाम से सुबह हुई उनकी मदारातों में

वो गए दिन जो रही याद बुतों की ऐ 'दाग़'
रात भर अब तो गुज़रती है मनाज़ातों में

निगाह ग़ैर पर

निगाह ग़ैर पर बे असर हो गई
तुम्हारी नज़र को नज़र हो गई

कसक दिल में फिर चारागर[1] हो गई
जो तस्कीं[2] पहर-दो-पहर हो गई

लगाते हैं दिल उससे अब हार-जीत
इधर हो गई या उधर हो गई

जवाब उनकी जानिब से देने लगा
ये जुर्रत तुझे नामाबर हो गई

बुरे हाल से या भले हाल से
तुम्हें क्या हमारी बसर हो गई

जफ़ा पर वफ़ा तो करूँ सोच लो
तुम्हें मुझसे उल्फ़त अगर हो गई?

कहो! क्या करोगे, मेरे वस्ल की
जो मशहूर झूठी ख़बर हो गई

---

1. इलाज करने वाला, 2. सुकून, तसल्ली

ये क्या कहा

ये क्या कहा कि 'दाग़' को पहचानते नहीं
वो एक ही तो शख़्स है तुम जानते नहीं

बद-अहदियों[1] को आपकी क्या जानते नहीं
कल मान जाएँगे इसे हम जानते नहीं

वादा अभी किया था अभी खाई थी क़सम
कहते हो फिर कि हम तुझे पहचानते नहीं

उनका ही मुद्दआ[2] था मेरा मुद्दआ न था
पर क्या करूँ कि वो तो मेरी मानते नहीं

क्या 'दाग़' ने कहा था जो ऐसे बिगड़ गए
आशिक़ की बात का तो बुरा मानते नहीं

---

1. वादे पर क़ाइम न रहने वाला, वह बातें जिनका वादा करके मुकर जाये, 2. दावा किया गया, अर्थ, मतलब

सबसे तुम अच्छे हो

सबसे तुम अच्छे हो, तुमसे मेरी क़िस्मत अच्छी
यही कम्बख़्त दिखा देती है सूरत अच्छी

मेरी तस्वीर भी देखी तो कहा शर्मा कर
'ये बुरा शख़्स है इसकी नहीं नीयत अच्छी'

हर तरह दिल का ज़रर[1] जान का नुक़साँ देखा
न मुहब्बत तेरी अच्छी, न अदावत[2] अच्छी

किस सफ़ाई से किया वस्ल का तूने इंकार
इस महल पर तो ज़बाँ में तेरी लुनकत[3] अच्छी

हिज्र में किसको बुलाऊँ, न बुलाऊँ किसको किसको
मौत अच्छी है इलाही कि क़यामत अच्छी

देखने वालों से अन्दाज़ कहीं छुपते हैं
हमको पर्दे से नज़र आती है सूरत अच्छी

मेरी शामत कि दिखाई उसे दुश्मन की शबीह
मुस्कुरा कर ये कहा उसने 'निहायत अच्छी'

जो हो आग़ाज़[4] में बेहतर वो ख़ुशी है बदतर[5]
जिसका अन्जाम हो अच्छा वो मुसीबत अच्छी

---

1. नुक़सान, 2. दुश्मनी, 3. हकलाहट, 4. अनुष्ठान, प्रारम्भ, 5. बुरे से बुरा

आपकी जिसमें हो मर्ज़ी

आपकी जिसमें हो मर्ज़ी वो मुसीबत बेहतर
आपकी जिस में ख़ुशी हो वो मलाल अच्छा है

दिल तो हम देंगे मगर पेशतर[1] इतना कह दो
हिज्र अच्छा है तुम्हारा कि विसाल अच्छा है

अपनी तारीफ़ से चिढ़ते हो अगर जाने दो
चश्मे-बद्दूर हमारा ही जमाल अच्छा है

तुम नहीं और सही दिल के ख़रीदार बहुत
सौ ख़रीदार हैं मौजूद जो माल अच्छा है

हमसे पूछे कोई दुनिया में है क्या शै अच्छी
रंज अच्छा है, ग़म अच्छा है, मलाल अच्छा है

आप पछताएँ नहीं जौर से तौबा न करें
आप घबराएँ नहीं 'दाग़' का हाल अच्छा है

1. पहले, आगे

मेरी फ़रियाद

मेरी फ़रियाद[1] दूसरा न सुने
तुम सुनो ऐ बुतो ख़ुदा न सुने

राज़ अपना कभी कहा, न कहे
हाल मेरा कभी सुना न सुने

ख़ूबरू वो जिसे ज़माना कहे
गुफ़्तगू वो जिसे ज़माना सुने

ग़ैर भी गर करे मेरी तारीफ़
तो भी हरगिज़ वो बेवफ़ा न सुने

इसलिए है पयामबर[2] की तलाश
मुझसे मेरा वो मुद्दआ[3] न सुने

पहले गाली वहाँ है, पीछे बात
अब सुने कोई उस को या न सुने

---

1. इल्तिजा, 2. दूत, संदेशवाहक, 3. आशय, मंशा

दोस्ती क्या इसी को कहते हैं
आशना की जो आशना न सुने

हिज्र में जो दुआएँ माँगी हैं
कोई अल्लाह के सिवा न सुने

'दाग़' को चैन ही नहीं आता
उससे जब तक बुरा भला न सुने

ले के दिल कहते हो

ले के दिल कहते हो क्यों दें इसे जलने के लिए
मिल गया ख़ूब बहाना ये मचलने के लिए

उन्हें फ़ुरसत भी मिले घर से निकलने के लिए
दोपहर चाहिए पोशाक[1] बदलने के लिए

तेरा गुस्सा हो कि हो मेरी तबीयत ज़ालिम
ये बलायें नहीं आतीं कभी टलने के लिए

कौन सी की न दवा कौन-सी माँगी न दुआ
हमने क्या क्या न किया अपने संभलने के लिए

ग़म की दीवार खड़ी हो गयी दिल के अन्दर
मेरे अरमान तरसते हैं निकलने के लिए

मैं कलेजे से मिलूँ, सर से मिलूँ, दिल से मिलूँ
अपनी तलवार मुझे दीजिए मलने के लिए

1. कपड़े

रंज की जब गुफ़्तगू

रंज की जब गुफ़्तगू होने लगी
आपसे तुम, तुम से तू होने लगी

चाहिए पैग़ामबर दोनों तरफ़
लुत्फ़ क्या जब दू-बदू[1] होने लगी

मेरी रुसवाई[2] की नौबत आ गई
उनकी शोहरत[3] कू-बकू[4] होने लगी

है तेरी तस्वीर कितनी बे-हिजाब[5]
हर किसी के रूबरू होने लगी

नाउम्मीदी बढ़ गई है इस क़दर
आरज़ू की आरज़ू होने लगी

अब के मिल कर देखिए क्या रंग हो
फिर हमारी जुस्तजू होने लगी

'दाग़' इतराए हुए फिरते हैं आज
शायद उनकी आबरू होने लगी

---

1. आमने-सामने, 2. बदनामी, निंदा, 3. प्रसिद्धि, 4. चारों ओर, 5. बेपर्दा, खुलेबंदो

मुझको जन्नत में

मुझको जन्नत में न राहत होगी
गर यही दिल यही क़िस्मत होगी

जान दे दूँ तुझे, पे डरता हूँ
कि अमानत[1] में ख़यानत होगी

अपने मतलब की तो सुन लो मुझसे
ये न जानो कि शिकायत होगी

अब के मयख़ाने से उठकर ऐ 'दाग़'
काबे जाएँगे जो वहशत होगी

1. धरोहर

तबीयत कोई दिन में

तबीयत कोई दिन में भर जाएगी
चढ़ी है ये आँधी उतर जाएगी

रहे पैरवी[1] हिज्र हो या विसाल
कि इक बात आख़िर ठहर जाएगी

न थी ये ख़बर हमको अपनी बहार
इधर आएगी और उधर जाएगी

ख़ुदा के लिए आज इक़रार[2] कर
कि फिर बात कल हश्र पर जाएगी

मेरा हाल बेहतर है उनसे कहो
डरेंगे जो सच्ची ख़बर जाएगी

न जाए कोई मेरी मय्यत के साथ
मेरी बेकसी नौहागर जाएगी

---

1. अनुकरण, 2. स्वीकार करना

जब दिल से निकालूँ

जब दिल से निकालूँ तो यही कहती है हसरत[1]
मेहमान से ख़ाली ये मकाँ हो नहीं सकता

जो दिल में तुम्हारे है वही है मेरे दिल में
मैं कह दूँ अगर तुम से बयाँ हो नहीं सकता

दिल माँग के शर्मिंदा अबस[2] करते हो मुझको
क्या उसके न होने का गुमाँ हो नहीं सकता

क्यों हाथ पे तुम हाथ धरे बैठे हो ख़ामोश
क्या थक गये अब क़त्ल जहाँ हो नहीं सकता

जो तुम पे यक़ीं है वो यक़ीं हट नहीं सकता
जो तुम पे गुमाँ है वो गुमाँ हो नहीं सकता

ऐ 'दाग़' तुम्हें वस्ल की तदबीर बता दी
तक़दीर[3] का ज़िम्मा तो यहाँ हो नहीं सकता

---

1. आरज़ू, न पूरी होने का अफ़सोस, 2. बेकार, 3. मुक़द्दर, भाग्य

कब तक खिंचे रहोगे

कब तक खिंचे रहोगे कब तक तनी रहेगी
किसकी बनी रही है किसकी बनी रहेगी

उसकी निगाह से हरदम जी पर बनी रहेगी
बरछी में दिल रहेगा दिल में अनी रहेगी

मिल कर तो उनसे देखें आइंदा जो मुक़द्दर[1]
या दोस्ती रहेगी या दुश्मनी रहेगी

तंग आके दिल के हाथों चाहा था हमने मरना
ये क्या ख़बर थी बरसों यूँ जाँ-कनी[2] रहेगी

मर-मर के हम जिए हैं, सौ इम्तेहाँ दिए हैं
ऐ बदगुमान[3] कब तक ये बदज़नी[4] रहेगी

ऐ 'दाग़' तेरी सूरत देखेंगे वो न डर कर
छाई हुई जो मुँह पर यूँ मुर्दनी रहेगी

---

1. तक़दीर, 2. शरीर से प्राण निकलने की अवस्था, 3. जो किसी की ओर से बुरी धारणा रखे, 4. कुधारणा

दम भर में पार आह

दम भर में पार आह थी इक नौजवान की
पीरी किसी तरह न चली आसमान की

क़ासिद भी उसको देख के दीवाना हो गया
पूछी ज़मीन की तो कही आसमान की

सर काट कर लगाते हैं गरदन के साथ फिर
कुछ रह गई है उनको हवस[1] इम्तेहान की

गो जानता हूँ झूठ मगर इसको क्या करूँ
खाते हैं प्यार से वो क़सम मेरी जान की

आहट नहीं सुनी कि मुझे दूर से लिया
पसली फड़क उठी थी मगर पासबान[2] की

क्या फिर भी दिल के देने में ऐ 'दाग़' उज़्र[3] हो
गर वो क़सम दिलाए तुम्हें अपनी जान की

1. उत्कंठा, लालसा, 2. निरीक्षक, निगराँ, 3. आपत्ति, एतराज़

कौन दुनिया में

कौन दुनिया में बावफ़ा निकला
ये तुम्हारी ज़बाँ से क्या निकला

वो इधर भूल कर जो आ निकला
मैंने जाना के मुद्दआ निकला

बुतकदा देखकर हुई इबरत
मेरे मुँह से ख़ुदा-ख़ुदा निकला

अब दिमाग़ उनका आसमाँ पर है
क्यों मेरे मुँह से मुद्दआ निकला

सत्यानाश हो तेरा ऐ दिल
तू हमारे न काम का निकला

फिर भी अच्छा कहोगे ग़ैर को तुम
इम्तिहाँ[1] में अगर बुरा निकला

मैंने छोड़ा उन्हें न जब तो कहा
ये तो ज़ालिम बुरी बला निकला

'दाग़' को लोग रिन्द कहते हैं
वो हक़ीक़त में पारसा[2] निकला

---

1. परीक्षा, 2. संयमी, पवित्र

हाल दिल का

हाल दिल का आश्कारा[1] हो गया
ये हमारा था तुम्हारा हो गया

अश्क पीकर रन्ज[2] खाकर हिज्र[3] में
हो गया जूँ-तूँ गुज़ारा हो गया

पहले नासेह[4] का सुख़न[5] था नागवार
रफ़्ता-रफ़्ता फिर गवारा हो गया

गरचे वो झूठी तसल्ली दे गए
मुझको जीने का सहारा हो गया

आए क्या दुनिया में हम क्या सैर की
चलते फिरते इक नज़ारा हो गया

'दाग़' इतराए हुए फिरते हो तुम
क्या मिलाप उनका तुम्हारा हो गया

---

1. खुल जाना, ज़ाहिर होना, 2. ग़म होना, 3. वियोग, विरह, 4. नसीहत करने वाला, 5. बात

तुम्हारा दिल मेरे

तुम्हारा दिल मेरे दिल के बराबर हो नहीं सकता
वो शीशा हो नहीं सकता ये पत्थर हो नहीं सकता

ये मुमकिन है कि तुझ पर हो भी जाए इख़्तियार[1] अपना
मगर क़ाबू हमारा अपने दिल पर हो नहीं सकता

जफ़ाएँ[2] 'दाग़' पर करते हैं वो ये भी समझते हैं
कि ऐसा आदमी मुझको मयस्सर[3] हो नहीं सकता

1. क़ाबू, 2. अत्याचार, अन्याय, 3. उपलब्ध

उज़्र उनकी ज़बान से

उज़्र[1] उनकी ज़बान से निकला
तीर गोया कमान से निकला

वो छलावा इस आन से निकला
अलअमाँ हर ज़बान से निकला

फ़ितना-गर[2] क्या मकान से निकला
आसमान आसमान से निकला

आ गया ग़श निगाह देखते ही
मुद्दआ कब ज़बान से निकला

खा गए थे वफ़ा का धोखा हम
झूठ-सच इम्तिहान से निकला

दिल में रहने न दूँ तेरा शिकवा[3]
दिल में आया जबान से निकला

इक जहाँ हमने देख डाला है
तू निराला जहान से निकला

1. बहाना, आपत्ति, ऐतराज, 2. झगड़ालू, फ़सादी, 3. शिकायत

मुद्दत के बाद आए हो

मुद्दत के बाद आए हो दो चार दिन रहो
जाता रहेगा चार घड़ी से मलाल क्या

दो-चार सोच लीजिए पहलू जवाब के
कुछ आप सहल[1] समझे हैं मेरा सवाल क्या

दिल माँगते नहीं मुझे मुहताज जान कर
सच है करे फ़क़ीर से कोई सवाल क्या

मुद्दत के बाद हमसे मिले हो कहो तो कुछ
पैदा किया है इतने दिनों में कमाल क्या

कहने लगे वो 'दाग़' की वह्शत को देखकर
देखे तो कोई इसने बनाया है हाल क्या

1. आसाने

ये तौर दिल चुरा के

ये तौर[1] दिल चुरा के हुआ उस निगाह का
जैसे क़सम के वक़्त हो झूठे गवाह[2] का

दो दिन ही में मिज़ाज तुम्हारा बदल गया
क्यों जीं? यही क़रार[3] हुआ था निबाह का

ये चाल भी नई है कि ख़ुद बन के बावफ़ा
इक़रार-नामा लेते हैं मुझसे निबाह का

आता है अब तो ज़ोफ़[4] में आँसू भी इस तरह
जैसे मुसाफ़िर आये थका माँदा राह का

इतना मज़ा तो शेर में हो जिससे हम सुनें
या शोर आह-आह का या वाह-वाह का

1. तरीक़ा, हाल, 2. साक्षी, 3. समझौता, 4. वृद्धावस्था, दुर्बलता

हुस्न की दौलत से

हुस्न की दौलत से तेरी है तवंगर आईना
हो गया अपने नसीबे का सिकन्दर आईना

ख़ुदनुमाई[1] और ख़ुदबीनी[2] इसी से हो गई
देखने के वास्ते रहता है घर-घर आईना

अक्स[3] अफ़गन[4] दोनों गैसू[5] आईने में हो गए
देखिएगा उड़ न जाए पर लगा कर आईना

देखकर बुत को नज़र आती है अपनी शक्ल भी
बुत-कदे का साफ़ है एक-एक पत्थर आईना

हमको इस हैरत-कदे में क्यों न हैरानी रहे
आप ही आईना ख़ाने में है शशदर[6] आईना

जान निकली है मेरी इक सादा-रू[7] के इश्क़ में
क़ब्र में जाऊँगा अपने साथ लेकर आईना

---

1. अपन आपको दिखाना या घमंड, 2. अपन आपको देखाना, 3. परछाई, प्रतिबिम्ब, 4. डालना, पड़ना, 5. बाल या ज़ुल्फ, 6. हैरान, 7. भोले भोले चेहरे

उनके रुख़ को ग़ौर से देखा तो वो कहने लगे
देखते हैं आप भी अल्लाहु-अकबर आईना

ज़िंदगी के साथ हैं ऐ 'दाग़' सब आराइशें
क़ब्र में ले जाके क्या करता सिकन्दर आईना

ये सुन-सुन के मरना

ये सुन-सुन के मरना पड़ा हर किसी को
नहीं मरते देखा किसी पर किसी को

ख़ुदा दे तो दे अपना ग़म हर किसी को
करे पर न माइल[1] किसी पर किसी को

ये बिजली नहीं जिसकी इक सैर कर ली
तड़प जाओ देखो जो मुज़तर[2] किसी को

न कर नासेहा[3] ऐसी दीवानी बातें
ये क्या खींच मारा जो पत्थर किसी को

मुहब्बत में जिस जा, गए लुट गए हम
लिया दिल किसी ने दिया सर किसी को

बहुत छेड़ कर हमको पछताइयेगा
सताते नहीं बन्दा-परवर किसी को

---

1. आकर्षित, झुकाव, 2. बेचैन, 3. नसीहत करने वाला

मेहरबाँ वो हुए हैं

मेहरबाँ वो हुए हैं डरता हूँ
राज़ दिल का न प्यार में कह दूँ

कभी कहता हूँ दिल की कुछ न कहूँ
कभी कहता हूँ प्यार में कह दूँ

बात छुपती नहीं तेरे मुँह पर
दिल हो गर इख़्तियार[1] में कह दूँ

1. क़ाबू

तुम लाख मुझसे

तुम लाख मुझसे परदा करो जलवा-गाह[1] में
सूरत ये कह रही है कि मैं हूँ निगाह में

सच है यहाँ कहाँ हो जो दो बात का जवाब
तुम हो किसी के दिल में किसी की निगाह में

वो तुझ से मिल के हश्र में पूरी न हो कहीं
थोड़ी सी है कमी जो हमारे गुनाह में

ज़ालिम ख़ुदा से डर कि जहन्नुम की आग है
नाले में बेकसों के ग़रीबों की आह में

इक दोस्ती की एक नज़र दुश्मनी की है
तुम भी निगाह में हो उदू[2] भी निगाह में

समझा दे उसको जा के ये इक बात ऐ सबा
क़ासिद[3] अभी गया है अभी होगा राह में

जाता है 'दाग़' कावे को बुतख़ाना छोड़ कर
ठोकर ज़रूर खाएगा पत्थर की राह में

---

1. जलवा दिखाने का स्थान, 2. दुश्मन, 3. दूत, संदेशवाहक

क़लक़ सभी ने किया

क़लक़[1] सभी ने किया दर्दमंद पा के मुझे
ख़याले-यार भी अब रो गया है आके मुझे

कहाँ नदीम शबे-हिज्र में, रफ़ीक़[2] कहाँ
सिधारे अपने घरों को वो रो-रुला के मुझे

न कोहसार[3], न सहरा, न आसमाँ, न ज़मीं
हवा-ए-शौक़ कहाँ ले गई उड़ा के मुझे

निगाहे-शौक़ भी गर्दिश[4] में है, फ़लक[5] भी है
सताने वाले नहीं चैन से सता के मुझे

---

1. व्याकुलता, बेचैनी मलाल, 2. दोस्त, 3.पहाड़ों का सिलसिला, 4. चक्कर, फिराव, 5. आसमान

आशिक़ बचाए जान को

आशिक़ बचाए जान को किस किस अज़ाब[1] से
तेरे इताब[2] से कि ख़ुदा के इताब से

मयख़्वार[3] मुफ़लिसी[4] में मिटाते हैं ख़्वाहिशें
टूटे हुए प्याले से, झूठी शराब से

सब पूछते हैं किस पे दिल आया, वो कौन हे
आती है मुझको शर्म तुम्हारे हिजाब[5] से

मुश्किल से इख़्तियार[6] किया जब्र[7] इश्क में
दिल को दिया है सब्र बड़े इज़तिराब से

जो 'दाग़' पर गुज़रती है तुम जानते नहीं
रोशन है इसका हाल सिवा आफ़ताब[8] से

1. मुसीबत, 2. कोप, क्रोध, 3. शराब पीने वाला, 4. गरीबी, 5. पर्दा, 6. काबू, 7. सहनशीलता, 8. सूर

दुनिया में आदमी को

दुनिया में आदमी को मुसीबत कहाँ नहीं
वो कौन सी ज़मीं है जहाँ आसमाँ नहीं

किस तरह जान देने के इक़रार से फिरूँ
मेरी ज़बान है ये तुम्हारी ज़बाँ नहीं

ऐ मौत तूने देर लगाई है किस लिए
आशिक़ का इम्तिहाँ है तेरा इम्तिहाँ नहीं

मानूँगा मैं न तुझको

मानूँगा मैं न तुझको सितमगर कहे बग़ैर
महशर[1] में चैन आएगा क्यों कर कहे बग़ैर

भूले हो तुम न समझोगे बात एक बार की
मुझको न बन पड़ेगी मुकर्रर[2] कहे बग़ैर

मुझको मज़ा है छेड़ का दिल मानता नहीं
गाली सुने बग़ैर सितमगर कहे बग़ैर

तेरी मिज़ह को ख़ार[3] कहूँ मैं तो मज़ा
दिल मानता नहीं इसे ख़ंजर कहे बग़ैर

जो हैं इशार-फ़हम[4] समझते हैं बे-कहे
निकला है काम 'दाग़' का अक्सर कहे बग़ैर

---

1. महाप्रलय के बाद हिसाब का दिन, 2. पुनः, 3. काँटा, 4. इशारे को समझने वाले

नाज़ुकी से क़दम अपना

नाज़ुकी से क़दम अपना वो उठायें क्यों कर
मेरे दिल में अगर आएँ भी तो आएँ क्यों कर

ग़ैर भी साथ ही साये की तरह रहते हैं
अपनी आँखें तेरे क़दमों में बिछायें क्यों कर

भर गया उनका मकाँ

भर गया उनका मकाँ रोज़ की तहरीरों से
बे पढ़े फेंक दिया शौक़ का दफ़्तर बाहर

बे-क़रारी के हैं मज़मून[1] बहुत ऐ क़ासिद[2]
ख़त लिफ़ाफ़े से न उड़ जाए निकल कर बाहर

दिल लगी हो तो कहीं 'दाग़' का दिल भी बहले
इसको यकसाँ[3] है जुदाई में तेरी घर-बाहर

1. निबंध, लेख, 2. दूत, संदेशवाहक, 3. समान, बराबर

पूछे सफ़र कोई

पूछे सफ़र में कोई गुहर[1] से अदन की बात
गुरबत[2] में याद आती है क्या-क्या वतन की बात

सर फोड़े लाख इश्क़ में कोई तो क्या हुआ
वो कोहकन[3] के हाथ रही कोहकन की बात

इंकार आज वस्ल से मैंने भी कर लिया
मेरे दहन[4] में आई तुम्हारे दहन की बात

क्या नाम-बर विसाल का इक़रार कर लिया
ये है उसी के लब की उसी के ज़ेहन की बात

मौक़ा मिले तो कान में वाइज़[5] के डाल दूँ
जो कान में पड़ी है मेरे बरहमन[6] की बात

1. मुक्ता, मोती, 2. परदेशी होना, बेवतनी, ग़रीबी, 3. पहाड़ काटने वाला, 4. पर्वत भेदी, 4. मुँह, 5. धर्मोपदेशक, 6. ब्राह्मण, माशूक़

वो दिल पे छुरी

वो दिल पे छुरी फेर गए नाज़े-अदा से
अब कोई मरे कोई जिये उनकी बला से

हम तेरे सिवा और हों किस चीज़ के तालिब[1]
क्या छोड़ दिया माँगने वालों ने ख़ुदा से

शिकवा हो बहाना हो कुछ इसकी नहीं परवा
जो बात हो वो कीजिए अन्दाज़ो-अदा से

क्या ख़ाक़ लड़ेंगी मेरे दिल से तेरी आँखें
जो शर्म से झुकती हैं जो छिपती हैं हया से

बेताब हूँ बेहोश नहीं हूँ जो न समझूँ
दम देते हैं ये आप जो देते हैं दिलासे

मैं बज़्म[2] से उठ जाऊँ, निकल जाऊँ, चला जाऊँ
क्या बात हुई, ख़ैर तो है, क्यों हो ख़फ़ा से

जब देखते हैं 'दाग़' को होता है ये इरशाद
मालूम नहीं ज़िंदा है ये किसकी दुआ से

---

1. माँगने वाला, चाहने वाला, इच्छुक, 2. महफ़िल

हमारी तरफ़ अब वो कम

हमारी तरफ़ अब वो कम देखते हैं
वो नज़रें नहीं जिनको हम देखते हैं

ज़माने के क्या-क्या सितम देखते हैं
हमीं जानते हैं जो हम देखते हैं

सलामत रहे दिल बुरा है कि अच्छा
हज़ारों में ये एक दम देखते हैं

रहा कौन महफ़िल में अब आने वाला
वो चारों तरफ़ दम बदम देखते हैं

उधर शर्म हाइल[1] इधर खौफ़ माने[2]
न वो देखते हैं न हम देखते हैं

उन्हें क्यों न हो दिल-रुबाई से नफ़रत
कि हर दिल में वो ग़म-अलम[3] देखते हैं

निगहबाँ से भी क्या हुई बद-गुमानी
अब उसको तेरे साथ कम देखते हैं

1. पड़ी हुई, घेरे हुए, 2. रोकने वाला, 3. मना करने वाला, 4. दुख-दर्द

छुपती है कब छुपाये से

छुपती है कब छुपाये से ऐ ख़ूबरू[1] पसंद
आँखें ये कह रही हैं कि आया है तू पसंद

आँसू गिरा जो आँख से तक़दीर ने कहा
मिलते हैं देख ख़ाक में यूँ आबरू[2]-पसंद

सौ हसरतों में एक तो मालूम हो मुझे
ये शौक़ ना-पसंद है ये आरजू[3]-पसंद

ऐ 'दाग़' हिचकिचाते हो ज़िल्लत[4] से इश्क की
दुनिया में हो तुम्हीं तो बड़े आबरू-पसंद

1. ख़ूबसूरत, रूपवान, 2. प्रतिष्ठा, इज्जत, 3. इच्छा, ख़्वाहिश, 4. बदनामी

नरगिसी चश्म है

नरगिसी चश्म[1] है बला की शोख़
शोख़ भी और इन्तिहा की शोख़

हर निगह तेरी इन्तिहा की शरीर
हर अदा तेरी इन्तिहा की शोख़

तेरी तहरीर इन्तिहा की मर्ती[3]
तेरी तक़दीर[4] इन्तिहा की शोख़

क्या ठिकाना तेरी तबीयत का
इब्तिदा[5] में है इन्तिहा की शोख़

जो फ़रिश्ते से भी न बाज़ आये
है ज़बाँ ऐसी बे-हया की शोख़

---

1. नयन, नेत्र, 2. लिखना, हस्तलिपि, 3. संजीदा, 4. भाग्य, 5. प्रारंभ, आरंभ

क़यामत की मेरी आहें

क़यामत की मेरी आहें ग़ज़ब के मेरे नाले[1] हैं
कलेजा देखिए उनका जो इनके सुनने वाले हैं

वफ़ादारों में ग़ैरों के हवाले पर हवाले हैं
हमारे जाने बूझे हैं हमारे देखे भाले हैं

न उनके लब पे आहें हैं न उनके लब पे नाले हैं
जिन्हें समझे हो तुम आशिक़ वो दुनिया से निराले हैं

वो ज़ालिम फूट कर रोया है कब आशिक़ की मय्यत पर
बड़ी मुश्किल से आँखें मल के चार आँसू निकाल हैं

ख़बर आशिक़ की सुनकर ये कहा उसने रक़ीबों से
तअज्जुब[2] क्या है इसका एक दिन सब मरने वाले हैं

मुहब्बत में करे जो सब्र उसको दाद मिलती है
जिसे आदत है ख़ामोशी की उसके बोल बाले हैं

कहाँ दिल का सा वीराना कहाँ दिल की सी है वहशत
हज़ारों हमने जंगल देख डाले छान डाले हैं

---

1. फ़रयाद चीत्कार, चीख़, 2. आश्चर्य, विस्मय

दिल में फ़रहत जो

दिल में फ़रहत जो कभी आती है
अपने रोने पे हँसी आती है

क्यों सबा को न बनाऊँ क़ासिद
अभी जाती है अभी आती है

क्या है गिनती मेरे अरमानों की
फ़ौज की फ़ौज चली आती है

ये सबब क्या है जिधर जाता हूँ
सामने तेरी गली आती है

जान आशिक़ की तेरे वादे पर
कभी जाती है कभी आती है

उसकी बातों पे मेरे मातम में
रोने वालों को हँसी आती है

क्या अदम[2] से हमें आने की ख़ुशी
मौत भी साथ लगी आती है

---

1. ख़ुशी, 2. यमलोक

होने को तो क्या

होने को तो क्या उनसे मुलाक़ात न होगी
जिस बात की ख़्वाहिश है वही बात न होगी

दिल साफ़ न होगा तो कोई बात न होगी
झगड़े की मुलाक़ात मुलाक़ात न होगी

लिक्खा है मेरे ख़त में जवाब उसने बहुत कुछ
आख़िर में ये फ़िक़रा[1] है मुलाक़ात न होगी

सौ बार बुला कर मुझे महफ़िल से निकाला
मेहमान की ऐसी भी मदा रात न होगी

1. वाक्य, जुमला

नहीं फ़ुरसत जुनूँ से

नहीं फ़ुरसत जुनूँ से एक दम की
हमारे सर में गर्दिश है, क़दम की

चलेंगे सर के बल उस रह-गुज़र में
न होगी हमसे पाबंदी क़दम की

ख़ुदा जाने उसे क्या लिख दिया हाल
ज़बाँ पकड़ी नहीं जाती क़लम की

तेरी आँखों से क्या नरगिस को निस्बत[1]
कि वो कम्बख़्त अंधी है जनम की

पड़े हैं नीम-जाँ[2]- आशिक़ हज़ारों
न करनी थी जफ़ा उसने न कम की

इन आँखों की ज़रा मस्ती तो देखो
निगाहों में भी लग़ज़िश[3] है क़दम की

---

1. सम्बन्ध, लगाव, 2. अधमुआ, जो मरने के क़रीब हो, 3. फिसलन, रपट

यहाँ आए हैं जाने के लिए हम
ये हस्ती पहली मंज़िल है अदम[4] की

जो ये निकला तो गोया जान निकली
बड़ी दौलत है दुनिया में भरम की

मेरी मुश्किल अभी होती है आसाँ
इलाही देर है तेरे करम की

---

4. यमलोक

खुलता नहीं है राज़

खुलता नहीं है राज़ हमारे बयान से
लेते हैं दिल का काम हम अपनी ज़बान से

उस दिन से मुझको नींद न आई तमाम उम्र
इक शब मिली थी आँख तेरे पासबान[1] से

ये ख़ाक में मिलाए तो वो हो सितम शरीक
मुझको ज़मीं से लोग उन्हें आसमान से

लेना संभालना कि मेरे होश उड़ चले
आता है कोई मस्त क़यामत की शान से

मुझसे नज़र मिला के तुम अबरू में बल न दो
सीधा चलेगा तीर न टेढ़ी कमान से

ऐ 'दाग़' इस की ख़ैर मनाता है आदमी
कोई अज़ीज़ बढ़ के नहीं अपनी जान से

1. निरीक्षक, निगराँ

ज़ह्र बन कर दवा

ज़ह्र बन कर दवा नहीं आती
मर रहा हूँ क़ज़ा नहीं आती

अब भी संभलो बुरी है बेबाकी
गई गुज़री हया नहीं आती

ग़मज़े आते हैं नाज़ आते हैं
एक तुम को वफ़ा नहीं आती

शिकवा[1] बेजा[2] है ख़ैर यूँ ही सही
तुमको हरगिज़ जफ़ा नहीं आती

कोई मर जाये हिज्र में क्यों कर
ज़िन्दगी भर क़ज़ा नहीं आती

सादगी ने किया है काम तमाम
अभी उनको अदा नहीं आती

---

1. शिकायत, 2. अनुचित

दिल से आती थी आह की आवाज़
अब तो वो भी सदा नहीं आती

तुम वफ़ादार किसको समझे हो
हर किसी को वफ़ा नहीं आती

आती नहीं अब तक

आती नहीं अब तक इसी बाइस से क़यामत
क्या पेश चलेगी तेरी रफ़्तार के आगे

मैं हुस्न से सकते में वो है इश्क़ से हैराँ
दीवार खड़ी हो गई दीवार के आगे

बिजली की तरह काँपने लगती है अजल[1] भी
ठहरा नहीं जाता तेरी तलवार के आगे

गुलज़ार में नरगिस से न तुम आँख मिलाना
बीमार को लाते नहीं बीमार के आगे

1. मौत

हाथ निकले अपने

हाथ निकले अपने दोनों काम के
दिल को थामा उनका दामन थाम के

जा जिगर में या रहेगा दिल में तीर
ये ही दो गोशे तो है आराम के

आ गया है भूल कर ख़त इस तरफ़
वो तो आशिक़ हैं मेरे हम नाम के

हाथ से सय्याद[1] के गिर कर छुरी
कट गए हल्क़े हमारे दाम के

क़ासिदों के मुन्तज़िर[2] रहने लगे
पड़ गए उनको मज़े पैग़ाम के

अब उतर आए है वो तारीफ़ पर
हम जो आदी हो गए दुशनाम के

---

1. आखेटक, शिकारी, 2. इन्तज़ार करना, प्रतीक्षा

बन संवर कर कब बिगड़ता है बनाव
सुब्ह तक रहते हैं जलवे शाम के

'दाग़' के सब हर्फ़ लिक्खे हैं जुदा
टुकड़े कर डाले हमारे नाम के

तब्अ बिगड़ी हुई

तब्अ[1] बिगड़ी हुई ज़ालिम की संभाली न गई
जो गिरह दिल में पड़ी फिर वो निकाली न गई

कब मुझे देख के तलवार निकाली न गई
जब निकाली तो नज़ाकत से संभालो न गई

ग़ैर के सामने बेपरदा हुए थे इक बार
फिर नक़ाब उनसे कभी चेहरे पे डाली न गई

तू भी बेचैन हुआ दिल के सताने वाले
दर्द-मंदों की दुआ देख ले ख़ाली न गई

जुल्फ़[2] में रख के मेरे दिल को गिरा आए कहाँ
ये रक़म बेश-बहा[3] जेब में डाली न गई

नातवानी[4] में हवा से मेरे पर उड़ते हैं
छूट कर दाम से भी बे-परो-बाली न गई

---

1. स्वभाव, आदत, 2. बाल, 3. बेश क़ीमत, महंगी, 4. शक्तिहीनता

नूर मुँह पर मेरी मय्यत के जो देखा तो कहा
क़ब्र में भी तेरे चेहरे की बहाली[5] न गई

नामाबर ख़त में मेरी आँख भी रख कर ले जा
क्या गया तू जो यही देखने वाली न गई

बात मतलब की रही दिल ही में उसके आगे
लब[6] तक आई तो सही मुँह से निकाली न गई

5. ताज़गी, 6. होंठ

न थी ताब दिल को

न थी ताब[1] दिल को तो क्यूँ चाह की
बुरा तीर मारा अगर आह की

ख़ुदा जाने क्या बन गई दिल पर आज
सदा है जो अल्लाह-अल्लाह की

उड़ाते हो बे-पर की तारीफ़ में
बंधी है हवा किस हवा-ख़्वाह की

उजाड़े हैं घर तूने काफ़िर बहुत
कहाँ जाए मख़लूक़ अल्लाह की

फ़लक[2] सा भी ज़ालिम कोई और है
मगर उम्र उसकी न कोताह[3] की

उसे हमने देखा जिसे देखकर
निगह ने तेरी शर्म नागाह[4] की

1. ताक़त उष्णता, गर्मी, 2. आसमान, 3. छोटा, अल्प, 4. अचानक

गया दिल तेरे पास इक आन में
मुसाफ़त बहुत कम है इस राह की

नहीं बेसबब इन बुतों को गुरूर
कुछ इसमें भी हिकमत है अल्लाह की

मेरे दिल में बरछी चुभो कर कहा
ख़बरदार तूने अगर राह की

किसकी ताक़त है

किसकी ताक़त है करे कोई बुराई आप की
सारी दुनिया आप की सारी ख़ुदाई आपकी

कम नहीं तलवार से ये कज-अदाई[1] आप की
मार डाला आपने हमको दुहाई आपकी

आस्तीं में से भी ज़ाहिर उंगलियों के हैं निशान
किसने पकड़ी ज़ोर से नाज़ुक कलाई आपकी

हम तो दुनिया से चले हसरत लिए हसरत भरे
याद रह जाएगी लेकिन बेवफ़ाई आप की

क्या कहूँ जो नज़्अ की हालत में दिल का हाल है
एक तो उक़्बा[2] का ग़म उस पर जुदाई आप की

---

1. टेढ़ी अदा, 2. अंजाम, मौत के बाद की ज़िन्दगी

न रुका

न रुका बज़्मे-ग़ैर में आँसू
आने वाला तो आ ही जाता है

राज़े-दिल सुन के क्यों हुए बरहम
जो है कहना कहा ही जाता है

सच तो ये है कि बुतकदे से हमें
ले के खौफ़े-खुदा ही जाता है

हुस्ने-अदा भी

हुस्ने-अदा भी ख़ूबी-ए-सूरत में चाहिए
ये बढ़ती दौलत ऐसी ही दौलत में चाहिए

क्या लुत्फ़े-दुश्मनी जो तअल्लुक़[1] ही उठ गया
कुछ छेड़छाड़ भी तो अदावत[2] में चाहिए

पासे-अदब से नाम न लूँगा कहूँगा मैं
कोई अलावा हूर के जन्नत में चाहिए

1. सम्बन्ध, 2. दुश्मनी

वो शाद-शाद

वो शाद-शाद[1] दमे-सुब्ह मुस्कुरा के चले
सितम तो ये है कि मुझको गले लगा के चले

हुए हैं शादी-ओ-ग़म[2] इख़्तियार में उनके
कभी हसाँ के चले वो कभी रुला के चले

तरीक़े-इश्क़[3] में सूझा किसे नशेबो-फ़राज़[4]
वो क्या चले जो सहारे पे रहनुमा[5] के चले

---

1. खुश-खुश, 2. खुशी और ग़म, 3. प्रेम की शैली, 4. ऊँच-नीच, 5. पथ प्रदर्शक

क्या लज़्ज़ते-विसाल

क्या लज़्ज़ते-विसाल अदा हो बयान से
सब हर्फ़ चिपके जाते हैं मेरी ज़बान से

मशहूर राज़े-इश्क़ है किसके बयान से
मेर ज़बाँ से है कि तुम्हारी ज़बान से

गुज़री है आज़माइशे-मेहरो-वफ़ा में उम्र
फ़ुरसत मुझे मिली न कभी इम्तिहान से

दिल भी बचा, जिगर भी बचा, ख़ैर हो गई
तीरे-निगाह पार हुआ दरम्यान से

मेहरो-वफ़ा का नाम है अब बात बात पर
ये सुन लिया है आपने किसकी ज़बान से

धमकी हमारे वास्ते

धमकी हमारे वास्ते रोज़े-जज़ा[1] की है
कोई न कोई इसमें भी हिकमत ख़ुदा की है

हैरत से देखता हूँ जो मैं सू-ए-आसमाँ
कहते हैं वो तलाश किसी महलक़ा की है

शोख़ी समाई जाती है अहदे-शबाब में
दुश्वार रोक-थाम अब उनको हया[2] की है

ज़ाहिर में और रंग है बातिन में और रंग
ख़सलत[3] मिज़ाजे-यार में रंगे-हिना की है

ऐ 'दाग़' बज़्मे-अहले-सुख़न[4] गर्म हो गई
गर्मी तेरे कलाम में भी इन्तहा की है

---

1. क़यामत के दिन, 2. शर्म, 3. आदत, 4. शायरों की मजलिस

घूँट पीकर

घूँट पीकर बादह[1]-ए-गुलफ़ाम के
बोसे ले लेता हूँ ख़ाली जाम के

इस नज़ाकत का बुरा हो बज़्म से
उठते हैं वो दस्ते-दुश्मन थाम के

वो करे उज़्रे-जफ़ा अच्छी कही
मुझ पे रद्दे रखते हैं इल्ज़ाम के

नाला-ओ-फरयाद की ताक़त कहाँ
बात करता हूँ कलेजा थाम के

1. शराब

सितम हो कि

सितम हो कि उज़्रे-जफ़ा हो रहा है
वो क्या हो रहा था ये क्या हो रहा है

वो मसरूफ़े-नाज़ो-अदा हो रहा है
बड़ी देर से ये मज़ा हो रहा है

मेरी बदगुमानी का अब क्या ठिकाना
क़सम खाके अहदे-वफ़ा हो रहा है

ख़ुदा शर्म रख ले मेरी आशिक़ी की,
वहाँ इम्तिहाने-वफ़ा हो रहा है

नहीं सुनते वो अब

नहीं सुनते वो अब हमारी बात
सच है बिन आये की है सारी बात

दो दो बातें हुई थीं वाइज़ से
रख ली अल्लाह ने हमारी बात

ख़ैर से उसने ही न पूछा हाल
करने देती न बेक़रारी बात

खेल है इम्तिहाँ तेरे आगे
मेरे आगे है जाँ-निसारी बात

ख़ामशी में अदा करें मतलब
ये तो है उनकी इख़्तियारी बात

लूट लेती है 'दाग़' के दिल को
तेरी हर एक प्यारी-प्यारी बात

क्या सबब शाद है

क्या सबब शाद है बश्शाश[1] है जी आप ही आप
चली आती है मुझे आज हँसी आप ही आप

हम-नशीं[2] भी तो नहीं हिज्र[3] में दिल क्या बहले
बातें कर लेते हैं दो चार घड़ी आप ही आप

कुछ तो फ़रमाइये इस बदमज़गी का बाइस[4]
आप ही आप है रंजिश, ख़फ़गी[5] आप ही आप

दिल लगी आग है ऐ 'दाग़' ख़बर लो जल्दी
जो लगाये से लगी कब वो बुझी आप ही आप

---

1. हर्षित, खुश, 2. साथ बैठने वाला मित्र, 3. वियोग, 4. कारण, 5. नाराज़गी

तमाशा-ए-दैरो-हरम

तमाशा-ए-दैरो-हरम देखते हैं
तुझे हर बहाने से हम देखते हैं

फिरे बुतकदे से तो ऐ अहले-काबा
फिर आकर तुम्हारे क़दम देखते हैं

न ईमा-ए-ख़्वाहिश न इज़हारे[1]-मतलब
मेरे मुँह का अहले-करम देखे हैं

कभी तोड़ते हैं वो ख़ंजर को अपने
कभी नब्ज़े-बिस्मिल में दम देखते हैं

1. प्रकट होना या ज़ाहिर करना

क्या मिलेगा कोई

क्या मिलेगा कोई हंसी न कहीं
जी बहल जाएगा कहीं न कहीं

है कदूरत[1] भरी हुई उसमें
आसमाँ पर भी हो ज़मीं न कहीं

हाल पहलू बचा के लिक्खा है
ताड़ जाए वो नुक्ताचीं[2] न कहीं

ये तो कहिए कि रात की बातें
आप से ग़ैर से कहीं न कहीं

जिनको हूरें बयान करते हैं
खुल्द[3] में हों यही हसीं न कहीं

मुझको गिरयाँ[4] उठा न महफ़िल से
बैठ जाए अभी ज़मीं न कहीं

---

1. घृणा, 2. मीनमेख़ निकाने वाला, 3. स्वर्ग, 4. रोता हुआ

आख़िर उन्हें हुआ

आख़िर उन्हें हुआ ये तमाशा भी ना पसंद
पुर्ज़े हमारे ख़त के उड़ाए ज़रा सी देर

देखा तो फ़ासला था क़यामत में कुछ न था
गुज़री थी उनको आँख दिखाए ज़रा सी देर

मैं देख लूँ उसे वो न देखे मेरी तरफ़
बातों में कोई उसको लगाए ज़रा सी देर

अपनी नज़र में हेच है

अपनी नज़र में हेच है सारे जहाँ की सैर
दिल ख़ुश न हो तो किसका तमाशा कहाँ की सैर

अब तक तो देखते रहे जोबन बहार का
आईंदा हम करेंगे तुम्हारी ख़िज़ाँ[1] की सैर

दुनिया के देखने के लिए आँख चाहिए
जन्नत की सैर से है सिवा इस मकाँ की सैर

दिल्ली में फूल वालों की है एक सैर 'दाग़'
बदले में हमने देख ली सारे जहाँ की सैर

1. पतझड़ ऋतु

जमा हैं पाक

जमा हैं पाक इक ज़माने के
हाए जलसे शराबख़ाने के

ज़िक्र बे फ़ायदा न कर वाइज़
इस ज़माने में उस ज़माने के

है मेरी दास्ताँ[1] भी क्या मरग़ूब[2]
हर्फ़ बिकते हैं उस फ़साने के

1. कहानी, वृतांत, 2. मनपसन्द

ग़ैर से मेरी

ग़ैर से मेरी तरफ़दारी है
ये नई तरह की अय्यारी[1] है

उनको वादे में भी दुश्वारी[2] है
मुझको एक-एक घड़ी भारी है

कम नहीं मौत से दिल का आना
सख़्त मजबूरी-ओ-नाचारी[3] है

'दाग़' दुश्मन से भी झुक कर मिलिए
कुछ अजब चीज़ मिलन-सारी है

---

1. बहुत अधिक चालाकी, 2. कठिनता, मुश्किल, 3. बेबसी, बेकसी

दुनिया में है सब

दुनिया में है सब ऐश के सामाँ कोई दिन के
ये जलवे नज़र आते हैं नादाँ कोई दिन के

बेबाक हुए जाते हैं अब वो कोई दिन में
दरबाँ कोई दिन के है निगहबाँ कोई दिन के

दिल दे के अब उस शोख़ पे जाती है मेरी जान
हैं और भी तक़दीर में नुक़साँ कोई दिन के

फिर अपने मुक़द्दर में कहाँ वस्ल की रातें
हम पर हैं ये सब आप के एहसाँ कोई दिन के

दिल परीशान

दिल परीशान हुआ जाता है
और सामान हुआ जाता है

मौत से पहले मुझे क़त्ल करो
उसका एहसान हुआ जाता है

दम ज़रा लो कि मेरा दम तुम पर
अभी क़ुरबान हुआ जाता है

गिरयः क्या ज़ब्त[1] करूँ ऐ नासेह[2]
अश्क पैकान[3] हुआ जाता है

बेवफ़ाई से भी रफ़्ता-रफ़्ता
वो मेरी जान हुआ जाता है

छाई जाती है ये वहशत कैसी
घर बयाबान[4] हुआ जाता है

शिकवा सुन आँख मिला कर ज़ालिम
क्यों पशेमान हुआ जाता है

---

1. सहन, रोकना, 2. नसीहत करने वाला, 3. बाण की नोंक, 4. सुनसान

लुत्फ़ जो इश्क़ में पाए हैं

लुत्फ़ वो इश्क़ में पाए हैं कि जी जानता है
रंज भी ऐसे उठाए हैं कि जी जानता है

जो ज़माने के सितम हैं वो ज़माना जाने
तूने दिल इतने सताए हैं कि जी जानता है

सादगी, बाँकपन, अग़माज़[1], शरारत, शोख़ी
तूने अन्दाज़ वो पाए हैं कि जी जानता है

तुम नहीं जानते अब तक ये तुम्हारे अन्दाज़
वो मेरे दिल में समाए हैं कि जी जानता है

दोस्ती में तेरी दर-पर्दा हमारे दुश्मन
इस क़दर अपने पराए हैं कि जी जानता है

1. अदाएँ

निकालो 'दाग़' को

निकालो 'दाग' को अपने मक़ा से
चला आया ये दीवाना कहाँ से

वही कहता हूँ मैं सुनता हूँ जो कुछ
मिली है यूँ ज़बाँ उनकी ज़बाँ से

उन्हें गुस्सा, हमें है शौक़ क़ासिद[1]
चलेंगे वो वहाँ से हम यहाँ से

हर इक में ऐब[2] निकलेंगे कहाँ तक
तुम्हीं अच्छे सही सारे जहाँ से

कहाँ ऐ 'दाग़' अब अपना ठिकाना
उठा बैठे हैं दिल दोनों जहाँ से

---

1. संदेशवाहक, दूत, 2. कमी, दोष

बेचता हूँ जो खरीदे

बेचता हूँ जो खरीदे मेरे अरमाँ कोई
मुफ़्त देता हूँ अगर मान ले एहसाँ कोई

इश्क़ जिसको न हो ऐसा नहीं इन्साँ कोई
आगे तक़दीर है ख़ुश हो कि पशेमाँ कोई

लाए क्यों कर न यक़ीं दिल से मुसलमाँ कोई
बे-क़सम खाए वो करते नहीं पैमाँ[1] कोई

देर हो जाए बला से उन्हें आराईश[2] में
रह न जाए किसी कम्बख़्त का अरमाँ कोई

हसरतें यूँ तो मुहब्बत में बहुत होती हैं
दिल में रखने का निकल आता है अरमाँ कोई

दिल तड़प कर इधर आता है तो बढ़ती है ख़लिश[3]
है मगर दूसरे पहलू में भी पैकाँ[4] कोई

---

1. प्रतिज्ञा, वादा, 2. सजना-संवरना, बनाव शृंगार, 3. चुभन, चुभने का भाव, 4. बाण की नोंक

है हसीनों की अदालत में उसी की बख़्शिश[5]
हो जो नाकरदा[6]-ख़ता दिल से पशेमाँ कोई

जब से की इश्क़ से तौबा नज़र आते हैं ये ख्वाब
खींचता है कोई दामन तो गिरेबाँ कोई

---

5. माफ़ी, दान, ख़ैरात, 6. नहीं किया हुआ

फिरे राह से वो

फिरे राह से वो यहाँ आते-आते
अजल मर रही तू कहाँ आते-आते

न जाना कि दुनिया से जाता है कोई
बहुत देर की मेहरबाँ आते-आते

सुनाने के क़ाबिल जो थी बात उनको
वही रह गई दरमियाँ आते-आते

मुझे याद करने से ये मुद्दआ था
निकल जाए दम हिचकियाँ आते-आते

अभी सिन ही क्या है जो बेबाकियाँ हों
उन्हें आएंगी शोख़ियाँ आते-आते

चले आते हैं दिल में अरमान लाखों
मकाँ भर गया मेहमाँ आते-आते

नतीजा ये निकला थके सब पयामी
वहाँ जाते-जाते यहाँ आते-आते

मेरे आशियाँ के तो थे चार तिनके
चमन उड़ गया आँधियाँ आते-आते

नहीं खेल ऐ 'दाग़' यारों से कह दो
कि आती है उर्दू ज़बाँ आते-आते

आँख का है ये इशारा

आँख का है ये इशारा कि न छोड़ें दिल को
मुँह से कहते हैं करे कोई इसे क्या लेकर

घर से निकलो तो सही आँख से देखो तो सही
अक़रबा[1] आए हैं आशिक़ का जनाज़ा लेकर

1. नाते-रिश्तेदार

कुछ अश्आर

जब मेरी राह से गुज़रते हैं
अपनी परछाईं से वो डरते हैं

तीर को तेरे, कलेजे से लगाया हमने
अपने मेहमान की यूँ आवभगत करते हैं

चलिए ख़लवत ही में कुछ बातें हो
आप महफ़िल में तो शरमाते हैं

साइल[1] से ख़फ़ा यूँ मेरे प्यारे नहीं होते
क्या माँगने वालों के गुज़ारे नहीं होते

रात मुसीबत की बसर हो गई
आँखों ही आँखों में सहर[2] हो गई

1. सवाल करने वाला, भिक्षुक, 2. सुब्ह